# TESTAMENT

## POLITIQUE ET MORAL

### DU PRINCE

# RAKOCZI.

## TOME SECOND.

# TESTAMENT

## POLITIQUE ET MORAL

### *DU PRINCE*

## RAKOCZI.

## TOME SECOND.

## A LA HAYE,

### Chez Scheurleer.

## M DCCLI.

## TOME SECOND.

                    TRAITE'

# REFLEXIONS

*SUR LES PRINCIPES*

# DE LA VIE CIVILE,

*ET DE LA POLITESSE*

## D'UN CHRETIEN.

## CHAPITRE PREMIER.

ES chers enfans, la Providence de Dieu, dont les voies sont impénétrables aux hommes, par les traverses qu'elle m'a envoyées, m'ayant conduit à la connoissance de la vérité. Telle criminelle ou louable, que puisse paroître ma

conduite aux gens du monde ; j'en laiſſe à Dieu le jugement, dans une ſoumiſſion à ſa ſainte volonté ; étant toujours prêt à lui rendre compte de mes actions. Toutes celles qui ont été bonnes & louables dans mes œuvres, je les rapporte à lui ; je m'approprie toutes celles qui ont été mauvaiſes à ſes yeux, afin que reconnoiſſant ainſi mon néant, je ne mette ma confiance que dans ſes miſéricordes.

La vérité m'a fait connoître que tout homme étoit voyageur ſur la terre, & cette conſidération a rendu la tranquilité à mon eſprit dans mon double pélerinage, en ſorte que je regarde ſans frayeur, & j'atens ſans impatience la fin de mon pénible voyage, qui eſt peut-être plus proche, que mon temperamment encore aſſez fort & vigoureux ne me la repréſenteroit ſi le deſir de la vie m'occupoit encore. Dieu vous a donnés à moi par votre naiſſance, mais il vous a réſervés à ſa Providence, encore plus particuliere-

ment que le commun des hommes ;
parce qu'il vous a nourris, & il vous
a fait élever & parvenir jusqu'à l'â-
ge viril sans aucuns secours de votre pere & de votre mere, de telle
maniere, que selon le témoignage
des nouvelles publiques ; j'ai lieu
de croire que Dieu vous a donnés à
moi comme un don de sa miséricorde, & non comme un don de sa co-
lere.

Cette consolation me fait oublier
le chagrin de la chair & du sang ;
de n'avoir vû l'un de vous que dans
le berceau, & de ne pas connoître
l'autre. La nature a gravé dans mon
cœur la plus vive tendresse pour
vous ; mais la charité fait que je
vous aime en Dieu & pour Dieu.
Ainsi tout séparé que je suis de vous,
vous m'êtes toujours présens, &
quand même Dieu disposeroit telle-
ment de moi que je ne vous visse jamais dans cette misérable vie ; rien
ne peut m'ôter l'espérance de vivre
avec vous dans l'éternité bienheu-
euse. Voilà mes chers enfans, la

solide confolation que la charité me
fournit, c'eft le fouhait que ma tendreffe fait chaque jour devant le
Dieu de miféricorde & le Pere de
toute confolation, duquel vous devez attendre votre deftinée, & pour
cette vie & pour l'autre. Mais comme votre confiance de parvenir à ce
but, feroit vaine & illufoire, fi vous
méprifiez fes Commandemens, &
fi vous ne meniez pas une vie digne de Chrétien, dont vous portez
le nom. Ma charité paternelle pour
vous, m'a fuggeré de vous adreffer
ces réfléxions, dans lefquelles vous
trouverez des maximes qui vous ai-
deront à vous conduire par la voie,
par laquelle nous devons marcher,
afin que nous nous joignions dans le
Royaume que Dieu a préparé à ceux
qui aiment fes Commandemens &
qui les fuivent avec fidélité. Votre
mere nous a précédés comme vous
pouvez l'avoir fçu, & ayant lieu de
croire que Dieu lui a fait miféricorde; vous ne fauriez avoir une ambition ni plus utile ni plus digne de

vous, que de fouhaiter de la revoir avec moi; fi Dieu veut que je vous précéde auffi, comme le cours de la nature l'exige.

Dieu vous donne une foi ferme, pour ne fouhaiter rien plus ardemment que ce bonheur, & une charité fervente pour vous y conduire.

Les fouhaits que vous pourriez avoir naturellement de voir votre pere dans ce monde, vous pourroit tromper, mes chers enfans, en vous expofant à mille dangers, mais ceux que vous formés de me voir devant Dieu, font conformes à fa fainte volonté, & à la fin pour laquelle il vous a donné l'être. Confidérez fouvent les œuvres de fa miféricorde fur vous, vous verrez fes merveilles; vous pourrez un jour lire celles qu'il a faites pour moi, dans mes propres Ecrits, & vous feriez bien-malheureux fi vous ne l'aimiez pas.

Oubliez, mes bien-aimés enfans, toutes les qualités, que la naiffance vous a données, pour ne vous fouvenir que de celles des Chrétiens.

& d'enfans de Dieu. Car la mort vous privera un jour de tous les autres avantages hors de celui-ci, que personne ne peut vous ravir que votre propre conduite, si vous vous éloignez des maximes de notre sainte Religion.

Il se peut fort bien qu'il y aura des hommes dans le lieu où vous êtes, qui vous inspireront de la honte de ce que je suis votre pere : renoncez à moi je vous le permets, pourvû que vous ne vous glorifiez que de votre Pere céleste, qui vous a engendré d'une maniere beaucoup plus excellente, que je n'ai fait par la chair : Dites, & croyez que vous devez tout à lui & rien à moi, & vous aurez raison; car il sera toujours vrai que ce que vous me devez, vous ne me le devez qu'à cause qu'il vous a ordonné de me le rendre pour l'amour de lui.

Ne vous plaignez pas de votre sort, mais supportez-le avec patience, & avec résignation à la volonté de votre Pere céleste. Méditez sou-

vent la priere, que Jesus-Christ
son Fils, notre frere aîné nous a laif-
sée; vous verrez combien il est indigne d'un Chrétien de dire à Dieu notre Pere qui êtes au Ciel, que votre
Nom soit sanctifié, que votre volonté soit faite &c. & en même tems
de murmurer ou de n'être pas con-
tent, de la maniere dont il dispose
de nous sur la terre. Je laisse à Dieu
sans réserve le destin de votre sort,
comme je fais du mien; consultez-
le souvent, dans un détachement
entier des desirs vains & frivoles des
richesses, des grandeurs & des prin-
cipautés mondaines, sur le choix
de votre état : il vous fera connoître ce qu'il demande de vous, & en
quel état qu'il vous appelle; aimez-
le parce que Dieu vous y aura placé, remplissez-en les devoirs avec
simplicité & avec fidelité. Voici,
mes chers enfans, les premieres &
peut-être les dernieres paroles de
votre pere, votre mere a cessé de
vous parler, mais espérez qu'elle par-
lera pour vous devant Dieu. J'ai

choiſi la Langue Françoiſe pour vous écrire, parce que j'imagine que vous la ſavez mieux que la Latine, & que peut-être vous êtes auſſi peu exercés dans la Langue Hongroiſe, que je le ſuis dans l'Allemande. Je prierai Dieu qu'il vous donne ſon Eſprit pour vous faire comprendre ce que j'ai écrit dans ces réfléxions, qu'il m'a inſpiré de vous laiſſer. Qu'il vous faſſe aimer ces préceptes, & qu'il vous donne des forces pour les pratiquer, afin qu'uni avec vous en eſprit & vérité, nous commençions à l'adorer ainſi dans ce monde, & que nous ne finiſſions jamais de l'aimer & de le louer. C'eſt ce que vous ſouhaite mes chers enfans, votre bon pere, & en vous donnant ſa bénédiction paternelle, il vous embraſſe avec tendreſſe.

L'ordre de la Providence nous engage de vivre dans des états différents; ainſi le plus grand art d'un homme eſt de ſavoir vivre de maniere qu'il puiſſe être agréable à Dieu,

Dieu, & aux hommes. Les loix du premier établissent, l'amour de Dieu & du prochain, comme deux pivots sur lesquels doit rouler notre vie. Or tout amour réglé étant fondé sur la justice, exige que nous vivions avec un chacun comme il convient, soit par rapport à nous, soit par rapport aux autres, & c'est ce qui s'appelle politesse. Ces deux rapports, font rendre ce que nous devons à notre propre état, & à sa dignité, & ce que nous devons aux autres par ces mêmes raisons, en vû des devoirs que Dieu nous a imposés : d'où il s'ensuit qu'en rendant aux autres ce qui leur est dû, nous pouvons en exiger ce qu'ils nous doivent. L'humilité qui doit être l'ame de toutes les actions d'un Chrétien, bien loin de détruire ces principes, les régle & les rend toujours uniformes; car elle doit tenir l'homme dans un souvenir continuel de son néant, & dans la considération que nous ne vivons ni par nous ni pour nous mêmes, mais pour fai-

II. Part.          N

re les œuvres de celui qui nous a en-
voyés dans ce monde, & qui nous
a placés dans l'etat où nous fom-
mes.

La naiffance, les dignités, la
puiffance & l'autorité fouveraine,
diftinguent les hommes dans la vie
civile, outre les confidérations particulieres qui les font regarder différemment; d'où il s'enfuit qu'aux
uns nous devons de l'eftime, aux
autres de la confidération; nous devons honorer ceux-ci, & refpecter
ceux-là; car par ces diftinctions de
nos manieres d'agir, nous leur rendons ce qui leur eft dû, & felon ces
différends égards nous devons exiger
d'eux, ce qu'ils nous doivent.

On doit eftimer & aimer tout
homme en tant qu'il eft image de
Dieu; mais outre cette eftime & cet
amour du prochain, qui nous eft ordonné, les inferieurs & les égaux
même fe rendent plus ou moins ef-
timable par leur bonne conduite,
par leur fidélité, affiduité, attention, efprit &c.

Parmi les égaux, les rangs, les dignités, les charges, la supériorité de l'esprit, l'approbation publique, la probité généralement reconnue, l'âge plus avancé, rendant les uns considérables : & quand ils font d'une plus grande extraction, d'un rang plus élevé, d'une charge plus considérable, ils deviennent honorables : car à proprement parler on ne doit du respect qu'aux Puissances, à l'autorité desquelles on est soumis, soit par naissance, soit par droit, soit par son propre choix, ou par l'ordre d'un supérieur : car nous devons les regarder comme les images de Dieu & ses Vicaires ; leur puissance sur l'homme est une émanation de la souveraineté de Dieu : elle exige tout respect, obéissance & fidélité, selon la mesure dans laquelle cette même puissance leur a été communiquée par les différentes régles & degrés de la sujetion & subordination.

La politesse rend ainsi à un chacun, ce qui lui est dû selon les égards établis, sans aucun autre intérêt que celui de la justice & de l'obéissance, que nous devons aux Commandemens de Dieu. D'où provient que la politesse Chrétienne est ennemie de cette petitesse d'esprit, qui cherche à s'élever sur les autres, ou à s'abaisser indignement par motif de crainte & d'intérêt ; elle est prévenante ; car elle ne mesure pas ses égards sur les autres, mais son devoir, dont la charité est inséparable. Elle exige ce qui lui est dû par la voie de la justice, & non par emportement, dans la mesure de cette même justice, & non de son caprice ; d'où vient qu'elle agit avec ordre & mesure, sans trouble, & sans émotion ? Elle pardonne aisément parce qu'elle s'offense contre les fautes, & non contre la personne de son prochain, dont elle excuse la fragilité par la considération de la sienne, & elle ne blesse pas la charité, parce qu'elle ne cherche que la justice.

Ces heureuses & saintes dispositions , produifent la douceur & la modeftie, compagnes & fœurs de la véritable politeſſe. Elle ne fait rien par l'amour propre , puifqu'elle agit toujours en vûe de fon devoir ; d'où il s'enfuit qu'elle agit fans émotion, & toujours par le defir de remplir fes obligations ; ainfi en préfence des inférieurs on tâche de repréfenter Jeſus-Chriſt , dont on eſt l'image. On agit avec fes égaux comme avec des freres, on écoute les autres avec patience & modeſtie , on eſt porté à les excufer & on ne les juge pas, parce qu'on fait ce que nous voudrions qui nous fût fait par les autres.

La modeſtie nous deffend d'élever la voix , la douceur nous éloigne de l'efprit de difpute & de contradiction , & nous prefcrit les menagemens que nous devons à un chacun , fuivant fon rang , fon âge, fon fexe & fon mérite perfonnel.

# CHAPITRE LI.

*Sur ce que nous devons à nous-mêmes.*

DIEU nous ordonne d'aimer notre prochain comme nous-mêmes, & selon ce précepte il est indubitable que nous nous devons de l'amour à nous-mêmes. La doctrine Chrétienne nous enseigne que l'homme dans son unité est partagée en homme spirituel & charnel; & selon ces considérations il est évident qu'il y a une supériorité & infériorité en nous-mêmes, & par conséquent une dignité très-respectable.

L'homme spirituel est véritablement l'image de Dieu, il est éternel. L'homme charnel est animal, servile & mortel : & lorsqu'on se regarde ainsi soi-même, toutes les régles de la vie spirituelle nous deviennent très-sensibles.

Il est donc évident qu'en premier lieu nous devons régler la politesse en nous, à l'égard de nous-mêmes, avant de l'étendre sur les autres : ainsi l'homme spirituel se doit considérer comme l'image d'un Dieu, & son œconome sur la terre. Car en cette qualité il est supérieur à toutes les créatures sur lesquelles il domine, mais en dominant il doit les faire servir à l'intérêt & à la gloire de son Maître & Seigneur.

Comme il ne pourroit exécuter en différends devoirs par soi-même ; Dieu a donné à l'homme spirituel, un agent inséparable de lui, pour exercer ces fonctions sur la terre, & cet agent est l'homme animal & charnel. Ce valet avoit été soumis à l'homme spirituel dans l'ordre de la création, mais il est devenu très-orgueilleux, indocile & revêche, après que l'homme s'est éloigné de son Créateur par le péché. D'où provient qu'il maîtrise indubitablement l'homme spirituel ( qui devroit être son maître ) toutes les fois que celui-ci s'écarte de Dieu, & qu'il n'est pas aidé de lui. D'où il s'ensuit qu'en tel état que l'homme puisse vivre dans le monde, il ne peut remplir ses devoirs sans attention & soin de s'attirer l'aide, la force & l'Esprit de Dieu son Maître ; ce qu'il ne sçauroit faire sans suivre en premier lieu ses Commandemens, & cette attention est le premier devoir de l'homme spirituel.

Ce devoir rend l'étude des loix de Dieu nécessaire, afin que l'homme sache connoître la volonté de son Maître, s'attirer sa grace, & son secours, pour se soumettre l'agent, par le ministere duquel il doit remplir les fonctions de son état. Dieu fait Homme nous apprend que personne ne hait sa chair, d'où nous connoissons que nous devons la charité à l'agent & que nous sommes obligés de lui fournir le nécessaire pour conserver sa vie, & pour qu'il soit en état de nous aider. Mais qu'en même tems pour rabattre son orgueil & son insolence, nous lui devons

refuſer le ſuperflus : car il a toujours
envie de nous dominer, il eſt infidéle & il nous trompe en tout, en nous
donnant des avis trompeurs, en nous
faiſant des faux rapports.

La plus grande miſére de l'homme dans cette vie, eſt de ne pouvoir
ſe paſſer d'un pareil agent : car ſans
lui il ne ſauroit vivire ni exercer ſes
fonctions. Nous ne ſaurions rien
connoître ſans ſon rapport, & ſon
rapport eſt toujours faux, nous ne
ſaurions rien exécuter en œuvres
ſans lui, & ſes actions ſont toujours
infidéles, enfin nous ne ſaurions rien
rapporter à Dieu dans l'œconomie
que nous exerçons ſans lui : & il ne
nous rapporte rien ſans dérober
quelque choſe pour lui-même, car
il s'aime ſans meſure.

Ainſi l'homme ſpirituel doit comme on a dit, un attachement invio-
lable à Dieu, ſans lequel il ne ſauroit
ni connoître ni exécuter ſes devoirs,
il doit toujours conſidérer ſa ſituation dangereuſe dans cette vie, ſon
néant & ſa foibleſſe, il ſe doit donc

l'attention & la méfiance contre lui-même, ce n'est qu'en cette difpofition qu'il pourra commander à fon agent. Il doit haïr & détefter fes œuvres, mais il eft obligé d'aimer & d'eftimer pour ainfi dire fa perfonne, comme un inftrument qui lui eft abfolument néceffaire pour faire ce que Dieu lui ordonne. Ainfi il ne lui doit pas refufer le néceffaire pour la vie, pour fon habillement & pour fon logement, & puifque l'homme fpirituel feroit invifible fans la repréfentation de l'agent, il peut & doit lui accorder tout ceci, felon l'état dans lequel Dieu l'a placé. L'homme fpirituel eft l'image de Dieu, l'homme extérieur eft l'image de l'homme fpirituel, car Dieu doit diriger l'ame, & l'ame conduit le corps. Dieu & l'ame agiffent invifiblement, ce que l'homme produit par paroles & par fes œuvres extérieurement.

Il doit donc avoir une attention particuliere que tout fe faffe avec fimplicité, comme Dieu fe commu-

nique à l'homme intérieur ou fpirituel. Car l homme extérieur, cet
agent infidéle corrompt toujours,
ou tâche de corrompre la fimplicité,
en agiffant pour fon intérêt particulier. Voilà les devoirs qui lient
l'homme fpirituel à l'homme charnel : la juftice exigeroit de celui-ci
en un pareil procédé envers l'autre,
mais il en eft incapable.

Ainfi il mérite d'être traité en efclave : mais il ne faut pas le détruire ni le rendre incapable de fes fonctions naturelles.

Il faut conclure de tout cela, que
l'homme fpirituel, doit regarder
l'homme charnel, comme fon agent;
& en cette qualité le contenir dans
de juftes bornes. Car fi les biens temporels, font des dons de Dieu, comme nous le prouverons dans la fui-
te : fi nous devons les confidérer, &
honorer dans les autres, nous devons auffi les eftimer en nous, &
c'eft ce qui s'appelle agir avec dignité. Ce feroit un orgueil criminel de
nous attribuer ces dons, mais ce

N vj

seroit aussi une ingratitude envers Dieu, de ne les pas reconnoître pour le louer & pour le remercier. Il faut donc les mettre à profit, en les employant pour sa gloire, & pour notre bonheur. Or celui à qui Dieu a donné une représentation noble, les agrémens du corps, les talens de l'esprit ou les richesses, les grandeurs, celui-là dis-je doit à sa propre dignité les charges. Ce seroit s'avilir & se rendre indigne de tous ces dons, si par une fausse humilité on ne se distinguoit pas par une représentation convenable à son état : mais aussi il faut craindre de s'enorgueillir de ces biens, que nous ne tenons que de Dieu, outre la ressemblance de la créature à son Créateur, il y en a une autre qui n'est commune qu'aux Puissances, car en cela ceux-ci sont des images de Dieu, & ses Vicaires parmi les hommes, & cette dignité est attachée à l'homme tout entier, c'est-à-dire à l'homme spirituel & charnel. Ainsi il est clair que dans les actions par les-

quelles les Puiſſances repréſentent
Dieu, le concert entre l'homme ſpirituel & le charnel, doit être pour
ainſi dire, encore plus égal & plus
uni.

En parlant des Puiſſances, on ne
doit pas ſeulement entendre les
Princes, les Magiſtrats &c. mais
dans la matiere dont on parle, on
peut étendre cette expreſſion ſur
tous ceux qui ont du pouvoir, comme le pere ſur ſes enfans & ſa famille, le maître ſur ſes domeſtiques;
puiſque toutes ces différentes qualités ont des repréſentations reſpectives, & par conſéquent elles donnent à l'homme cette dignité, dont
il eſt queſtion; il eſt donc néceſſaire de ne s'oublier jamais ſur ce
qu'on ſe doit par rapport à l'état
dans lequel nous ne nous ſommes
pas placés nous mêmes; mais auquel Dieu nous a deſtinés.

C'eſt par cette attention que l'on
doit éloigner toutes les actions pré-
cipitées, imprudentes & legéres,
auſſi bien que les paroles inconſi-
dérées &c.

Par conséquent il devient responsable de tous les mauvais exemples ou impressions qu'il donne à ceux devant lesquels il représente.

---

# CHAPITRE III.

## De la Politesse que l'on doit aux hommes.

L'HOMME selon l'institution de son Créateur étant l'économe, l'administrateur & seigneur des créatures ; il ne doit pas renoncer au monde pour vivre dans la solitude, sans une vocation particuliere de son Créateur, & sans connoissance expresse de sa volonté.

On est donc obligé d'agir & converser avec les hommes, pour la gloire & pour l'intérêt de Dieu même, & dans toutes les occasioins où l'homme spirituel ne sauroit se séparer de l'homme charnel. Mais cela n'empêche pas que chacun n'aime son semblable ; l'ame aime l'ame pour Dieu & en Dieu ; la chair aime la chair pour soi-même, & ses différents rapports & amours rendent les conversations très-dangereuses. Cependant l'homme qui a bien réglé la politesse qu'il doit à sa chair, préfere toujours l'ame dans les autres, ainsi il lui rend les premiers honneurs ; & par conséquent il tâche de rendre toutes ces conversations profitables à l'ame, afin de la conduire à son véritable bien. Mais comme on n'est pas toujours maître de régler les conversations, on ne peut agir avec les hommes spirituels différemment qu'avec les charnels.

L'amour du prochain exige, que nous agissions toujours avec politesse, en rendant à un chacun ce qui lui est dû comme on a déja dit ; mais il est nécessaire de le répéter, pour entrer en détail.

Le fondement de la politesse doit donc être la justice fondée sur l'amour du prochain rapporté à Dieu,

& c'est ce que nous devons à tout le monde en qualité d'homme, inrage & ressemblance de Dieu, & par où nous nous ressemblons tous. Mais l'ordre de la Providence ayant distingué les hommes par des différens dons de l'ame, du corps, & des biens temporels; ces distinctions produisent les différentes manieres, par lesquelles nous leur devons témoigner notre amour, pour leur rendre justice & pour agir avec eux, en vûe de l'ordre de Dieu ainsi établi. En sorte que notre amour envers eux se manifeste par les sentimens d'estime, de considération, d'honneur & de respect, que nous devons à chacun suivant son rang & son mérite. Car c'est par là que nous leur rendons justice, en rapportant tout cela à la gloire de Dieu & à sa Providence, selon l'ordre de laquelle nous devons regarder les hommes ou dans un rang inférieur ou égale ou supérieur, à celui dans lequel Dieu nous a établi.

## CHAPITRE IV.

*Comment on doit agir avec les hommes qui font d'un rang inferieur.*

SOIT que les hommes nous foient inférieurs par leur naiffance, foit par l'élevation de notre charge & dignité ; on doit toujours confidérer que notre élevation , eft un don de la Providence , qui ne concerne que la vie préfente & l'adminiftration de Dieu fur la terre. Car la mort nous réduira dans une égalité entiere, par rapport au rang. Ainfi ces élevations ne peuvent nous tenir lieu de dons, qu'autant que nous les rapportons à la gloire de Dieu , en fuivant fon deffein ; car autrement ils ne ferviront qu'à notre damnation.

Celui donc qui les reçoit, doit les employer pour ces fins , & les autres qui les connoiffent , doivent les estimer & les honorer ; d'où il faut conclure qu'outre l'amour que nous devons à nos inférieurs, nous devons de l'estime & de la considération à ceux qui le méritent par leur esprit, valeur, vertu, fidélité, ou quelque autre talent particulier, qu'ils ont reçu de Dieu.

Lorsque nous leur refusons ces sentimens, nous n'agissons pas poliment ; car nous refusons la justice, qui est dûe aux dons de Dieu.

On doit estimer tout ce qui est estimable par la bonne conduite, par la connoissance des Sciences & des Arts ; mais la sagesse, la valeur, la vertu & la probité, rendent les hommes considérables dans la vie civile, aux plus grands Princes même. Car par ces éminentes qualités, ils doivent être honorés de leurs égaux en naissance & dignité : ainsi lorsqu'un supérieur considère son inférieur, il l'honore de la maniere convenable, & par les marques de sa considération, il le rend honorable aux autres ; mais auſſi eſtimer & conſidérer ceux de ſes inférieurs, qui ne le méritent pas plus qu'il ne convient, en vû de quelque intérêt ; c'eſt une baſſeſſe & flaterie, un tel procédé n'eſt pas fondé dans la juſtice.

Il peut arriver que des hommes indignes ſe rendent conſidérables, & bien ſouvent honorables même, aux Rois & aux grands Princes. On les ſupporte, & on les honore même ſouvent par néceſſité, par rapport au bien de l'Etat, & alors ce procédé ſera fondé ſur la juſtice dûe à l'intérêt publique & à ſa tranquilité ; mais non pas ſur leur mérite perſonnel, car on les conſidére, mais on ne les eſtime pas. Ainſi le vrai mérite eſt toujours un don de Dieu, & le faux mérite n'eſt qu'une fauſſe lueur, que l'opinion des hommes peut quelquefois établir ; que le tems efface, & qui n'eſt jamais généralement reconnu & approuvé.

Outre l'infériorité de la naiſſance & du rang ; il y en a un autre

établi par la subordination réglée
d'une Puissance légitime. Mais quelque sublime que puisse être l'élevation de l'homme, il ne doit jamais
perdre de vû ce qu'il doit à ses inférieurs par la loi de Dieu, c'est-à-dire par la charité & par la justice. Car
par ce moyen il rendra à un chacun
ce qu'il doit, en les aimant tous
également, & en estimant & considérant les dons de Dieu, dans les
autres plus particulierement.

# CHAPITRE V.

### Comment on doit se comporter avec ses égaux.

L'Objet de ces réfléxions ne donne pas lieu de les étendre sur
la recherche de l'origine de l'iné-
galité des hommes en tant que la
naissance, les dignités & les charges, les distinguent, car puisque
ces distinctions sont réellement ob-

servées dans la vie civile, il ne s'agit pas de les réformer, mais de les rapporter à la Providence, qui régle tous les événemens dans le monde. Le bien & le mal qui arrivent dans la Chrétienté par la premiere deſtination des hommes, en nobles & roturiers, que la naiſſance donne, doit être rapportée à ce même ordre ; car le mal même ( s'il y en a) n'eſt pas un mal réel, mais il conſiſte dans l'opinion, dont Dieu n'eſt pas la cauſe ; mais bien la corruption des hommes; la cupidité eſt le fruit du péché, & la recherche des honneurs, des titres, des dignités & des richeſſes, qui font les enfans de la cupidité. Le deſir de l'élevation & l'orgueil de l'homme ; voilà d'où procéde l'ambition, par laquelle on cherche à ſe diſtinguer.

Les principes de la juſtice ont obligé les Princes de faire honorer la vertu & le vrai mérite, voilà l'origine de la Nobleſſe. Cette diſtinction avoit été perſonnelle autrefois, & ſi recherchée que les Rois même

tenoient à gloire de se faire armer
Chevaliers, après s'être rendus dignes de ce caractere. Car dire Gentilhomme c'étoit dire, il est généreux, valeureux, sobre, chaste, &
d'une probité reconnue.

Pour graver encore plus profondément dans le cœur l'amour de la
vertu, on a attaché à la succession
ce titre, avec l'obligation d'autant
plus étroite d'exercer, de pratiquer
les vertus ; mais dès que le titre
de Gentilhomme, s'est accordé à
toutes sortes de personnes par droit
de succession, l'ambition de chercher la gloire par la vertu, s'est ra-
lentie, parce qu'on se faisoit gloire de la naissance ; en sorte que l'on
a commencé à tourner ses vûes vers
d'autres objets.

On sait l'origine des titres, dignités & charges ; chaque dégré à
ses différentes distinctions & éclats,
par où elles sont devenues les objets de la cupidité des hommes,
qui suivant leur possession sont sen-
t.s d'une condition égale ou iné-
gale.

Il y a des etats bien policés ou le titre de Gentilhomme veut encore tout dire, mais il y en a, où l'on croit n'être rien si l'on n'eſt Baron ou Comte; car on n'eſt pas aſſez poli pour ſavoir rendre juſtice à ſes différens titres & qualités.

Henri IV. Roi de France, a été le dernier des Rois, qui s'eſtimoit plus d'être né Gentilhomme, que d'être devenu Roi; mais enfin telle dignité & rang que l'on puiſſe avoir par la naiſſance, nous le devons à l'ordre de la Providence. Les hommes ſe doivent conformer aux loix civiles, en tout ce qui concerne la vie temporelle, & en cet eſprit on peut & on doit rechercher ce qui eſt dû à la dignité, rang, charge, dont on eſt revêtu.

Si l'on le fait dans l'eſprit d'humilité d'un véritable Chrétien, on agit ſans émotion, ſans empreſſement & ſans affectation, car on ſe ſent intérieurement plus de retenue que de penchant à le faire; mais l'amour propre agit dans les hommes;

on se sent picqué vivement, & alors
on agit avec émotion, & souvent
avec précipitation & imprudence ;
c'est ainsi qu'on peut discerner ceux
qui sont véritablement égaux dans
la vie civile, & ce que la politesse demande pour se bien conduire
avec les autres, qui ont du penchant
ou qui ont droit de prétendre quelque supériorité ou préséance, sur-
tout dans des pays étrangers, ou
l'extraction de sa naissance, peut
n'être pas connue ; ou le Prince
qu'on représente par la charge, dignité ou caractere, dont on est revêtu, n'est pas le maître.

Pour trouver sa place dans ces
occasions, il faut exactement connoître quelle considération a le Souverain, dans les Etats duquel on se
trouve pour le maître qu'on représente, quelle liaison d'amitiée ou
d'intérêt se trouve entr'eux ; car selon ces différentes dispositions, il y
a des tems ou l'on peut soutenir un
rang, qu'il ne seroit pas prudent
d'exiger dans un autre, par-là on

agira

agira toujours pour la gloire & l'honneur de son maître, en évitant les occasions de contester quelque supériorité. On doit aussi remarquer la représentation à laquelle on est obligé par rapport à son maître; car on se représente sans doute par ses charges & dignités, mais différemment lorsqu'on le représente par le caractere de Ministre, de Résident, d'Envoyé, ou d'Ambassadeur, puisque chaque dignité, charge, ou ministere à un different degré de représentation. Un Gouverneur dans sa dignité, représente son Prince, mais ce n'est que dans son gouvernement; un Grand-Maître, Écuyer, &c. le représentent dans leurs charges, à l'égard de leurs subalternes; enfin un Ministre public le représente par son caractere, devant le Prince & la Cour, auquel il est envoyé; d'où il s'ensuit qu'on le commet toujours quand on ne fait pas différence entre ceux qui sont directement sous l'autorité & commandement de la charge d'un chacun.

De-là il s'enſuit auſſi qu'on agit impoliment, lorſque ceux qui ſont honorés des charges affectent de ſe précéder les uns les autres, lorſqu'ils ſont hors l'exercice actuel de leurs fonctions.

L'égalité dont on parle ici, provient de l'égalité de naiſſance, charge, dignité & caractere. Pour ce qui concerne la politeſſe, il eſt indubitable qu'on ne ſe meſure que très-rarement ſur la naiſſance dans les converſations civiles, ceux qui le font avec affectation, deviennent inſupportables, en ſorte que la régle générale en cela eſt celle de l'Evangile, de n'affecter jamais les premieres places, mais de s'aſſeoir dans celles qui ne ſont pas occupées, de marcher parmi ſes égaux comme on ſe rencontre; & en faiſant toujours quelque honnêteté à celui qui ſuit, de ne pas couper la parole à celui qui parle, ni le contredire, en lui donnant un démenti. Car tels procédés ſont des marques d'une ſupériorité affectée.

Il faut encore moins fe moquer ou fourire d'un air méprifant aux paroles & actions des autres, car ces manieres paroiffent offenfantes.

Lorfqu'on agit ainfi avec fes égaux, & l'orfqu'on les prévient dans ces rencontres, on eft aimé & eftimé de tous, & fi les autres agiffent dans les mêmes principes, la politeffe & la civilité deviennent le charme de la Société. Ainfi on ne fe doit jamais menager, fur ce qui concerne les honnêtetés, & ceux qui font véritablement polis, affectent de faluer les premiers, & de faire des avances même aux inférieurs, car dès qu'on fait qu'on eft Gentilhomme, on lui impute une égalité de naiffance, qui ne tire pas à conféquence.

Rien n'eft plus contraire à la politeffe que la familiarité fans ménagement, & par conféquent rien moins durable, ni plus fujet aux dégoûts & querelles que ces fortes de procédés, par lefquels on pert le refpect à fes fupérieurs même ; lorfqu'on agit trop familierement avec son ami intime en leur préſence, & dans les pays où on ſe ſalue par le baiſer, il eſt impoli de le faire ſans demander la permiſſion à ceux, que l'on doit honorer, & auſquels on doit la déférence, & encore moins en préſence de ceux qui ſont ſenſés maîtres, c'eſt-à-dire devant les Princes ou les Rois. On ne ſalue perſonne devant eux, car tous les rapports aux autres ceſſent en leur préſence.

## CHAPITRE VI.

### *Ce qu'on doit à ſon Supérieur.*

IL y a ſupériorité de naiſſance, de dignité & de charges, & ſupériorité, en tant qu'elle concerne une Puiſſance & une autorité ſupérieure. La ſupériorité de cette premiere eſpéce, exige ordinairement honneur & déférence, & celle-ci

porte avec foi , refpect & obéiffance.

On fait que les Princes quelques
cadets qu'ils puiffent être font toujours honorables par leur naiffance ,
auffi bien que les perfonnes Ecclé-
fiaftiques par leurs caracteres , & les
vieillards par leur âge : car les honneurs dûs aux dignités & charges ,
font rélatifs à celui qui les confére ;
mais fouvent une grande réputation de vertu & de valeur, rend les
hommes honorables , & ce feroit
une incivilité & impoliteffe de ne
pas honorer ceux qui ont mérité de
l'être par un confentement , pour
ainfi dire , publique & unanime ,
car on fe rend d'ordinaire ridicule ,
lorfque dans ces occafions on fe
diftingue par un procédé particulier
à leur égard ; & quand même on
pourroit le faire , ce feroit manquer de prudence que de vouloir
paroître plus fage que les autres ;
pour ce qui concerne l'honneur ré-
latif, lors même que quelqu'un n'eft
pas fubordonné , il agit toujours ir-

regulierement & impoliment quand
il n'honore pas ceux qui font dans
une dignité ou charge fupérieure à
la fienne ; mais pour concevoir ce
que je viens de dire, il faut faire
quelques réfléxions. Les charges
conférées par un Prince & par un
Roi, peuvent être égales; mais il y
a différence en ce que le Grand-
Maître d'un Prince doit toujours honorer celui d'un Roi; puifque fon
Maître doit la déférence à la Puiffance fupérieure. C'eft ainfi qu'on
doit toujours comparer les rangs des
Maîtres, pour favoir diftinguer les
rangs des Repréfentans.

La préféance des Princes n'eft pas
toujours bien réglée, de-là provien-
nent les difputes, que la politeffe
vraiement chrétienne tâche toujours
d'éviter, tant qu'elle peut, & en cas
que l'on foit obligé de foutenir
l'honneur de fon Maître, elle agit
en tout par devoir & non par animofité, & par conféquent on déli-
bere long-tems, on examine les événemens fans émotion & fans préju-

gé : on consulte plus d'une fois son devoir, & on agit ainsi malgré soi-même.

Tels sont les principes de la politesse Chrétienne envers ceux qu'elle doit honorer , mais rien n'est plus parfait que la disposition qu'elle exige envers ceux ausquels on doit du respect & de l'obéissance. Car les Apôtres enseignent ce que l'on doit aux Puissances , & à ceux à qui l'on est assujeti par leur autorité. La Providence nous donne les Maîtres par des vûes qui sont souvent impénétrables aux hommes, & quelque libre que soit la volonté de l'homme, elle n'agit que par ses ressorts. Nul homme ne vient au monde en maître , car les enfans posthumes même d'un Roi , doivent obéir avant de commander.

Les hommes qui sont nés libres se choisissent un Maître , mais aussitôt qu'ils ont fait leur convention, ils le doivent regarder comme Jesus-Christ lui-même , ils lui doivent du respect & de l'obéissance , en tout ce qui n'eſt pas contraire aux loix du Maître. Telles ſont les régles du Chriſtianiſme, qui uniſſent tous les hommes en Dieu en eſprit & en vérité, car cet eſprit & vérité dont on vient de parler devroit être commun. Ainſi il eſt évident, que chaque Maître ſe doit conformer à ce divin original, & chaque ſujet doit regarder ſon Maître comme on a déja dit.

C'eſt une police générale établie dans ce Royaume que tout doit être aſſujetti au Pere céleſte, comme Jeſus-Chriſt eſt aſſujetti lui-même en qualité d'homme, il n'eſt venu au monde que pour y aſſujettir les hommes, qui par la chute du premier homme ſe ſont aſſujettis à la chair.

Voilà la ſource de la liberté des enfans de Dieu qui ne ſont aſſujettis qu'à Dieu : car dans leurs ſupérieurs ils ne regardent que Dieu, & par conſéquent ils ne reſpectent en eux que Dieu, & ils ne leur obéiſſent pas en ce qui eſt contraire aux loix de ce Souverain Etre : mais auſſi ils doivent obéir ſans réſerve, en ce qui n'eſt pas contraire à ſes loix.

Cette vérité ainſi établie dans le cœur d'un Chrétien, il peut aiſément diſcerner quel eſt ſon devoir à l'égard de ſon ſupérieur, auquel il eſt aſſujetti par l'ordre de la Providence ; mais il ſeroit dangereux, ſi chacun s'attribuoit la licence d'examiner les ordres de ſon maître & ſupérieur, s'ils ſont conformes ou non aux préceptes de Dieu, en ſorte qu'il ne ſauroit mieux faire que de choiſir la ſimplicité, pour ſon guide, en obéiſſant ſans s'arrêter aux apparences qui peuvent être ſouvent trompeuſes ; car alors l'obéiſſance l'excuſera, & celui qui commandera ſera reſponſable du mal qui aura été commis.

C'eſt ainſi que tuer un homme eſt contraire aux loix de Dieu ; cependant à la guerre les ſoldats ſont obligés de tuer les ennemis ſans qu'ils ſoient coupables ; mais le Prince qui le lui ordonne eſt reſponſa-

ble du sang répandu s'il entreprend
une guerre injuste.

Ainsi le parti le plus salutaire est
sans doute celui de l'obéissance en
la rapportant à celui, pour l'amour
de qui l'on doit obéir. Quiconque
regarde la personne de Jesus Christ
en son supérieur, est humble & mo-
deste en sa présence, il parle peu par
respect, & il répond succinctement,
il reçoit sans contester ce qu'on lui
dit, en forme d'instruction, il tourne du bon côté les paroles obscures
& de double sens, croyant plûtôt
de ne les pas comprendre, qu'il ne
s'imagine qu'elles aient été mauvaises dans la bouche de celui qui représente la vérité éternelle. Ce sont
les marques les plus évidentes de la
charité, de l'humilité & de la docilité de ceux qui doivent obéir, car
les questions réitérées & les contes-
tations, viennent d'ordinaire de l'a-
mour propre qui voudroit tout savoir & faire tout sans défaut : il voudroit dis-je, être convaincu par la
raison pour s'exempter de l'obéis-

fance ; car lorfqu'on n'obéit que par raifon, on court rifque d'obéir encore plus à fa propre raifon & volonté, qu'à l'ordre du Supérieur.

La parfaite obéiffance s'exerce en filence , car lorfqu'on reçoit un commandement , on tâche de pénétrer l'efprit de celui qui le donne, & non la raifon par laquelle il le donne ; & certainement on rifque moins que fi l'on en vouloit pénétrer la raifon.

Dès qu'on a appris ce qu'on doit faire , on s'attache avec fimplicité à l'exécuter ; car les rafinemens viennent même de l'amour propre & peuvent féduire. Ce font des tentations qu'on doit rejetter.

C'eft l'humilité qui doit foutenir les inférieurs dans cette rencontre, c'eft la confiance en Dieu, qui ne les laiffera pas manquer dans l'exécution de leur devoir , car enfin l'homme étant perfuadé que le maître lui a été donné par l'ordre de la Providence , il doit lui attribuer plus de lumiere qu'à foi-meme ;

mais il arrive souvent que les supérieurs sont abandonnés de Dieu, ils font & ordonnent tout à tort & à travers, ils sont déraisonnabbles, impatiens, & rigides ( dira-t-on quel moyen d'obéir ? ) Non certes : car le *Saint Esprit* ordonne par la bouche de saint Pierre d'obéir même à tels Maîtres.

Ce sont autant de croix que Dieu envoye pour éprouver & purifier la vertu des inférieurs ; on doit gémir devant Dieu de leur faute , mais ne pas s'écarter de son devoir & de la fidélité ; la charité excufe les hommes ; car elle ne se croit pas plus parfaite , elle les supporte , & elle demande toujours à Dieu la patience de pouvoir le faire : car d'abandonner d'abord un tel maître, quand même on pourroit le faire , c'est suivre plûtôt son propre caprice que la volonté de Dieu , & on est d'autant plus responsable devant lui, si on le quitte à cause des corrections ou reprimandes , par lesquelles il tâche de ramener & conduire à Dieu

quand même fes reprimandes feroient dures & fréquentes ; car alors
ce feroit une marque évidente qu'on
le quiteroit par orgueil & par envie
de faire fa propre volonté , & non
pas celle de Dieu , qui donne fouvent de tels maîtres pour corriger
les défauts , que l'amour propre cache aux hommes. Combien de jugemens téméraires ne fait-on pas
alors fur le fujet de fes reprimandes
qu'on ne croit pas mériter ?

L'amour propre perfuade qu'on
eft prévenu, & qu'on agit par animofité ou haine ; on donne de l'é-
tendue aux paroles de ces mêmes reprimandes , & on s'imagine de les
lire dans les penfées des Maîtres,
mais ce font autant de péchés , que
de faux & téméraires jugemens,
qu'on commet faute de charité,
d'humilité, de patience & de docilité : on s'imagine être irrepréhenfible, on eft fâché de ne pas paroître tel à leurs yeux : on fe perfuade qu'on exagere & qu'on invente
des fautes , & qu'on eft partial ;

on croit voir de plus grossieres fautes dans les autres, qu'on ne reprend pas.

On ne sauroit exposer les différentes suggestions que l'amour propre inspire aux inférieurs & subalternes : car rien n'est plus dur à ce même amour propre que d'obéir. Il porte l'homme toujours à préférer sa volonté à celle des autres, par des voies cachées & imperceptibles. Il y a souvent des personnes fort spirituelles, quant aux sentimens de piété & à la pratique de la morale même ; elles veulent être humbles & ce sont dans toutes les occasions, dans lesquelles elles s'aperçoivent de leurs ennemis, c'est-à-dire de l'orgueil naturel de l'homme, qu'il faut combattre, mais ne se méfiant pas d'elles mêmes . elles sont si attachées à leur propre raison, qu'elles cherchent toujours à la contenter. De là vient qu'aussitôt, qu'elles reçoivent quelque ordre de leur Supérieur, elles allèguent d'abord des difficultés, elles tachent de donner des avis sans qu'on les demande ; elles font des projets & elles rafinent sans s'appercevoir de la véritable source de leurs raisonnemens : car dans des pareils procédés elles cherchent à concilier la volonté du maître avec leur façon de penser.

Il y en a, qui ne cessent jamais de faire des questions dans des occasions même les plus claires & les plus simples. Les uns le font crainte de manquer & d'être repris, & les autres pour marquer leur soin, attention , diligence & prévoyance.

Il y a des hommes qui veulent toujours aller au devant de la pensée de leur Supérieur, & leur amour propre se produit sous le masque du zéle & de la promptitude. Mais toutes ces différentes manieres d'agir , excedent la simplicité & la politesse Chrétienne. Elles excedent, dis-je, la simplicité ; car à l'esprit & à la volonté du Supérieur on ajoûte la sienne & on devient dou-

ble par ces deux esprits & par ces
deux volontés. On excede enfin la
politesse, car on défére plus à son
propre esprit qu'à celui du Supérieur. Nous appercevons, nous dé-
mêlons, détestons, reprouvons,
nous corrigeons ces défauts dans les
autres sans agir ainsi à l'égard de
nous-mêmes; car on croit toujours
avoir raison, & à moins que l'homme ne soupçonne sa propre raison,
il ne deviendra jamais ni humble,
ni obéissant, ni docile.

Dans l'art de la guerre, le monde ayant attaché un point d'honneur à l'obéissance, on n'a qu'à examiner ce qu'on demande d'un bon
Officier, pour connoître l'étendue
de l'obéissance de tous les inférieurs
à l'égard de leurs Supérieurs, selon
l'esprit du Christianisme. L'Officier,
le soldat, sont heureux s'ils rapportent leur obéissance à Dieu, en
obéissant aux loix des Princes, parce que la Providence les a assujettis
à ces mêmes loix. Mais ils sont malheureux s'ils n'obéissent que pour

mériter des louanges, des honneurs, & des avancemens.

## CHAPITRE VII.

### *Sur la maniere de Converser avec politesse.*

SI les hommes faisoient toujours attention aux paroles de l'Apôtre, que notre conversation soit au Ciel, on auroit pas besoin de faire des réfléxions étendues sur la maniere de converser, mais les uns ignorent cette doctrine, les autres ne connoissent pas son étendue. Il y en a qui la méprisent, & enfin on en trouve qui l'expliquent. Combien est petit le nombre de ceux qui la suivent? Si les hommes faisoient en tout les œuvres de Dieu, c'est-à-dire s'ils agissoient ensuite de sa volonté dans les fonctions de leur état, leurs conversations seroient toujours au Ciel, mais le nombre des élus est petit. On rencontre des occasions indispensables de conversation. Celui qui les cherchent, qui s'ennuie lorsqu'il n'est pas avec les hommes, est bien éloigné de la vie spirituelle, à moins qu'il ne cherche des personnes spirituelles en dessein de s'instruire & de se consoler mutuellement ; mais ceux qui ne quittent que des passe-tems comme on dit, courent après la vanité & le mensonge.

On fait des réfléxions sur la vie civile, de laquelle on ne sauroit séparer les conversations ; on n'est pas maître de les choisir toujours ou de les éviter, car souvent le devoir de leur état conduit les hommes à agir avec les autres, souvent le hazard, c'est-à-dire des rencontres impréveues, les menent dans des Sociétés, dans lesquelles on souffre.

Un Chrétien instruit de son devoir agissant dans la simplicité, ne doit jamais chercher les conversations des hommes mondains ; en vû de passer le tems, mais il auroit tort d'éviter celles, auſquelles ſon devoir l'engage, cependant dans ces ſortes de rencontres il eſt néceſſaire qu'il s'arme de la méfiance de ſoi-même, & de la confiance en Dieu, dont il doit implorer le ſecours.

On n'a pas en vûe de s'étendre ſur les réfléxions qui regardent la matiere des converſations d'un Chré-tien, on ſuppoſe qu'il la connoît : mais il eſt queſtion de la politeſſe d'un Chrétien, engagé dans la vie civile. Tout ce que l'on a dit de la maniere d'agir avec ſes inférieurs, égaux ou ſupérieurs, a du rapport aux converſations ; car les Sociétés ne ſont compoſées que de ces trois eſpéces d'hommes.

On ſait aſſez que la politeſſe ne permet pas de parler devant ſes Su-périeurs, ſans leur permiſſion, la-quelle même il eſt impoli de deman-der ſans ſujet & ſans néceſſité, à moins qu'on ne ſoit honoré de leur familiarité. Et alors même on ſe doit une attention & modeſtie à ſoi-même, une reſerve inſéparable de respect, dû à l'image de Jesus-Chrift, qu'on doit se repréfenter dans la perfonne de son Supérieur fans gêne & affectation, car cette impreffion devroit être naturelle à un Chrétien, & ne lui caufer aucune contrainte, parce que le véritable caractere de la fimplicité & de la liberté des enfans de Dieu, eft de fe réjouir en la préfence de leur pere; comme celui de la duplicité & de l'hypocrifie & d'être gêné & affecté.

La préfomption eft l'enfant de l'orgueil, la pufilanimité engendre la timidité, qui tient l'homme dans une crainte continuelle de manquer, & par conféquent qui infpire la mauvaife honte, qui coule de la fource de l'amour propre & de l'orgueil, lequel voudroit être irrepréhenfible aux yeux de Dieu même. L'homme eft rempli de telles contrariété, qu'il impofe fouvent filence aux hommes dans des compagnies, & les fait fuir, en forte que quand on parle à de certaines perfonnes, il faut leur arracher la parole; leur extérieur repréfente l'humilité, mais leur intérieur eft rempli d'orgueil, par conféquent ils font doubles dans leur fimplicité apparente.

Ils évitent fouvent les converfations & les fociétés au préjudice de leur devoir, parce qu'en fe méfiant trop d'eux-mêmes, ou ils manquent de confiance en Dieu, ou ils ne voudroit rien fouffrir étant trop fenfibles. Ce caractere vicieux ignore la magnanimité & la douceur Chrétienne; il eft contraire à l'affabilité, & par conféquent il n'eft agréable ni à Dieu ni aux hommes; la modeftie n'impofe pas la néceffité de ne regarder jamais rien que la terre, mais de ne rien regarder avec effronterie & avidité, ni plus qu'on ne doit; elle ne confifte pas non plus dans un filence morne, mais dans des paroles & difcours bien confidérés & bien modérés. D'où il s'enfuit, que dans des converfations, on doit toujours réfléchir fur

la matiere, fur les perfonnes devant lefquelles & aufquelles on
parle.

Il n'y a gueres de converfations,
où ne fe trouve quelqu'un qui brille
plus dans la compagnie que les autres, ou parce qu'il eft plus honorable, ou parce qu'il eft plus eftima-
ble, ou parce qu'il impofe par fon
efprit, ou par la préfomption.

Si ces perfonnes font connues par
quelqu'un de ces caracteres, il eft
affez facile de fe moderer en fe tai-
fant ou en parlant fans les choquer,
mais fi elles font inconnues, il eft
difficile de s'engager dans la converfation, & par conféquent on a beau
faire des réfléxions ou vouloir établir des régles, on n'en trouvera pas
de plus générales que celles de la
charité & de la modeftie.

La premiere empéche l'homme de
médire, & le porte à excufer les
fautes du prochain dont on médit;
elle fuggére de détourner la converfation lorfqu'il s'agit des faits qu'on
ne peut pas interpréter en bien; en-

fin elle empêche de débiter des nouvelles, quelques notoires & publiques qu'elles soient, lorsqu'elles
sont désavantageuses au prochain ;
car ce qui est mauvais ne peut jamais
être ni utile ni édifiant.

On a beau savoir qu'un tel & tel
fait sont connus & sont publics, on
a beau supposer que personne de la
compagnie ne sera scandalisé lorsqu'on le racontera, on ne pourra
jamais donner un sujet simple à un
tel discours, & par conséquent il
sera oiseux & blâmable ; ainsi la
charité doit empêcher l'homme de
produire telle matiere ; elle doit régler ses réponses, & imposer silence.

La modestie dans les conversations ne régle pas moins l'expression
des paroles, que les tons de la voix,
& l'atitude de l'homme qui parle ;
elle éloigne les clameurs, les ris im-
modérés & éclatans, car elle con-
teste sans ironie & sans émotion ;
elle contredit sans opiniâtreté, elle
enseigne sans affectation, elle dé-

cide fans préfomption , elle juge fans prévention & avec charité.

Chaque homme parle felon la portée de fon efprit , & felon la mefure de fa capacité ; ces fentimens font réglés ordinairement par fes inclinations naturelles. Voilà d'où vient qu'on ne peut & fouvent on ne doit pas tomber d'accord avec les autres.

Il y a des hommes d'un caractere fade & flateur , qui difent toujours oui dans des matieres même oppofées , parce qu'ils voudroient plaire à tout le monde ; à peine commençe-t-on à parler, qu'ils applaudiffent , fans favoir encore ce qu'on dira. Ils rient , ils rélevent , ils admirent , ils répétent les paroles , les penfées & les fentimens des autres , parce qu'ils font prévenus de leur efprit , & ils voudroient les imiter pour partager avec eux leur eftime, mais ce font des hommes d'un efprit foible , & d'une complaifance lâche & indigne d'un Chrétien ; ce n'eft pas-là de la politeffe, mais c'eft une

une baſſeſſe qui dégrade l'homme &
le rend mépriſable.

La converſation ne ſauroit ſe ſou-
tenir ſans conteſtation & ſans contrariété ; mais ſi elle ſe fait avec modeſtie , on l'appelle diſcours pour &
contre , & c'eſt en quoi conſiſte l'a-
me de la converſation. On écoute
les autres avec patience , quelques
impertinens que puiſſent être leurs
raiſonnemens , on leur répond avec
douceur , & on fait des efforts pour
s'accorder avec eux autant que la
vérité le permet.

Si on ne les goûte pas , on ceſſe
plûtôt de parler que de donner ſujet à l'émotion.

Rien n'irrite plus les hommes dans
ces occaſions que les ſouris mo-
queurs , ou les mouvemens inconſi-
dérés des geſtes ou des yeux , auſſi
ſont-ils fort contraires à la modeſtie
& à la politeſſe : & c'eſt abſolument
perdre le reſpect de les faire devant
ſon Supérieur. Ces ſortes de ſouris
& de geſtes dèshonorent ceux qui les
font en préſence des perſonnes que

l'on doit honorer : ils choquent les égaux contriſtent les inférieurs, ſurtout lorſqu'ils ſont accompagnés d'un air de compaſſion.

Les hommes qui prétendent parler toujours, d'ordinaire ſe font plaiſir de s'écouter ; mais auſſi ſouvent de l'abondance du cœur, la langue parle, ainſi l'orſqu'on coüpe les diſcours des égaux, & encore plus de ceux qu'on doit honorer. On agit impoliment, à moins qu'on ne leur demande pardon aupatavant. C'eſt ce que la véritable modeſtie empêche d'omettre, en ſorte que ſans cette vertu les converſations deviennent des diſputes, celles-ci engendrent des conteſtations, on s'échauffe, on ne menage plus les paroles, on ſe pique, on ſe donne des démentis mutuellement, on ſe fâche, on bleſſe la charité par des parcles aigres, offenſantes, injurieuſes, & ces ſortes de converſations finiſſent d'ordinaire par des injures & des querelles. Les ſujets les plus ſpirituels & les matieres les plus édifiantes peuvent conduire à ces excès, lorsque la charité & par conséquent la modestie ne dominent pas dans le cœur des hommes, car la charité même peut dégénérer dans un zéle indiscret, si la modestie ne lui impose pas des bornes, puisque l'esprit orgueilleux de l'homme lui dresse des embuches dans l'exercice des vertus mêmes.

## CHAPITRE VIII.

### *Sur la fermeté, entêtement, opiniâtreté.*

LA fermeté est une vertu que Dieu par la connoissance intérieure de la vérité; son amour, & par l'attachement à la justice, met dans l'ame d'un Chrétien, & dans ce sens cette vertu de fermeté n'est propre qu'à la Religion Chrétienne, laquelle seule donne la connoissance de toute vérité.

La fermeté morale est produite par ces mêmes principes, savoir par la connoissance & l'amour de la vérité morale. Mais ces fondemens n'étant pas inébranlables, au lieu que ceux qui sont établis sur Dieu & sur sa justice, seront toujours stables, car le nom de vérité & justice morale, est improprement attribué aux sujets qui ne sont pas fondés sur la vérité & justice éternelle & indivisible. Ainsi on établit toujours sur la fausseté dès qu'on ne bâtit pas sur Dieu, comme vérité, & justice éternelle. Ce n'est donc que cet attachement qui mérite le nom de fermeté. Ceux qui sont hors de lui ne subsistent que par des entêtemens & opiniâtretés, ausquells dans l'usage commun on donne souvent le nom de fermeté, sans discretion. Un flateur dira des hommes les plus entêtés & opiniâtres, qu'ils sont fermes & inébranlables, mais il profanera cette expression; car il n'y a de fermeté que dans la vérité, & il n'y a de vérité qu'en Dieu, &

en ce qu'il a révélé. Dans tous les autres sujets douteux sur lesquels la raison humaine s'étend ; aussi-tôt que l'on s'écarte de la foi naturelle, qui est fondée sur la justice de Dieu, on ne trouve plus que des certitudes morales , auxquelles on s'attache avec entêtement & opiniâtreté ; parce que les uns n'étant pas assez éclairés par eux-mêmes, suivent les lumieres des autres ; ils les éprouvent, pour ainsi dire, & la grande prévention & préjugé qu'ils ont de leur sainteté, science & réputation, leur font une impression qu'ils suivent. Ils soutiennent , parce qu'ils croient sur la foi des autres, sans qu'ils puissent alléguer une autre raison , & c'est ce qui s'appelle entêtement. Les autres méprisent tout le monde, ils ont des opinions particulieres, auxquelles ils s'attachent sans écouter qui que ce soit , & c'est ce qui s'appelle opiniâtreté ; tel a été de tout tems le caractere des Hérétiques, lesquels ayant excédé les bornes de la simplicité , expliquérent les Ecritures & tournerent les vérités de la Religion felon leurs opinïons particulieres. Ils vouloient entendre les premiers par leurs propres lumieres, & ajoûter les fecondes à leurs propres fantaifies : foutenant avec opiniâtreté les opinions nouvelles qu'ils inventoient. Leurs Sectateurs éprouvoient leurs doctrines & principes, & les foutenoient avec entêtement, s'éloignant les uns & les autres de la fermeté à mefure qu'ils s'écartoient de la vérité.

Les entêtés ne fuivent que leurs préjugés, conçus fur la foi d'autrui, & fans raifonner ; les opiniâtres agiffent par leur propre raifon, fans écouter ni confulter perfonne, d'où on peut conclure que dans toutes ces matieres où il n'y a que des certitudes morales, il n'y a que les entêtés & opiniâtres qui décident impertinemment. Car ceux qui cherchent la vérité, écoutent avec attention, répondent fans émotion, ils ruminent fans prévention, ils jugent fans décifion, parce qu'ils fuppofent qu'ils

peuvent encore trouver des raisons
ou expériences pour & contre, &
des hommes plus éclairés pour les
instruire sur les sujets qui leur sont
nouveaux ou inconnus. Ainsi leur
jugement n'est pas décisif, car ils
sont toujours prêts & disposés à apprendre ce qu'ils sont persuadés de
ne pas savoir à fond ; & c'est ce qui
s'appelle docilité.

Puisque ce n'est pas une fermeté d'agir contre la raison, mais
une obstination, par conséquent
ce n'est nullement légereté, mais
une conduite prudente de changer
par raison les sentimens sur lesquels
on n'a pas prononcé décisivement.
L'amour & la recherche de la vérité, tiennent l'homme dans cette disposition, mais ce même amour fait
qu'on s'y attache inséparablement ;
lorsqu'on l'a trouvée, & c'est ce qui
s'appelle fermeté. Car trouver la vérité c'est un don de Dieu, par lequel
il éclaire l'esprit, enflamme le cœur
de l'homme pour qu'il connoisse &
aime de plus en plus la vérité.

Il y a fermeté d'entendement, fermeté de volonté, & fermeté de cœur. La fermeté d'entendement regarde la connoissance de la vérité, la fermeté de la volonté concerne l'amour de cette même vérité, & la fermeté de cœur appartient à l'action extéreure par laquelle l'homme produit la vérité, par paroles en prêchant ou enseignant, ou par les œuvres, en agissant avec justice.

On peut connoître & vouloir la vérité, sans qu'on ait le courage de professer & agir en conséquence de la vérité. Voilà la source des déguisemens, des mensonges & de la flaterie, voilà ce qui produit la peur qui peut tomber sur un homme, d'ailleurs ferme en esprit ou entendement.

Cette fermeté du cœur s'appelle magnanimité, étant fondée sur la vérité, elle met l'homme au‑dessus de toutes les adversités & maux temporels. Elle rejette les prévoyances & les suggestions de la prudence humaine, lorsqu'elles sont contraires

à la voie de la vérité , & ayant une
fois assujettie cette même prudence
par la fermeté d'esprit & de la volonté ; le cœur n'hésite plus , & on af-
fronte les plus grands dangers avec
joie & allegresse.

Tels sont les efforts de cette fermeté Chrétienne , qui fait les Martyrs , mais nul Martyr sans charité ;
car nulle fermeté sans amour de la
vérité , à laquelle les Martyrs rendent témoignage.

L'entêtement , l'opiniâtreté , &
l'obstination , peuvent avoir , & ont
eu leurs sectateurs qui souffrent les
plus rigoureux tourmens ; tels hommes peuvent avoir de la fermeté,
dans la volonté, car ils desirent &
veulent la vérité ( s'ils ne sont pas
passés jusqu'à l'obstination ) ils peuvent dis-je , avoir la fermeté du
cœur , car ils sont prêts à tout souf-
frir , mais ils manquent de lumiere
pour connoître la vérité , & par
conséquent on ne peut pas dire qu'ils
aient la fermeté dans l'entendement.
Voilà pourquoi l'Apôtre désaprou-

voit la conduite des difciples qui fe
glorifioient du nom de leur maître,
de Paul, d'Appollon, &c. car ils auroient pû agir par entêtement s'ils
euffent foutenu la doctrine de faint
Paul même, fa doctrine & non comme des points de la Religion fondée
dans la vérité, révélée de Dieu par
la foi à l'entendement. Un difciple
qui fuit avec entêtement l'opiniâtreté de fon maître, n'a nul éclaircif-
fement dans l'entendement, parce
que ce même entendement eft obf-
curci par fon préjugé. Mais un Chrétien croyant par la foi les vérités de
la Religion, éleve pour ainfi dire
fon entendement jufqu'à Dieu, &
juqu'à fa révélation, & il le prend
en fa toute-puiffance & en fa vérité,
car il ne le veut pas comprendre,
mais il veut croire avec humilité,
aimer avec fermeté, & fuivre fes
commandemens avec fidélité.

Dans cette difpofition on peut
fans rifque méditer, & former des
opinions pourvû qu'elles foient
fondées dans la vérité : car on ne

s'attachera pas à ces mêmes opinions, mais à la vérité ; en forte
qu'on fera toujours prêt de les abandonner lorſqu'on les trouvera er-
ronnées.

Tout entêtement eſt marqué d'un
défaut de lumiere dans l'entendement, mais ce n'eſt pas une faute en
lui-même. Car on peut être entêté
d'une doctrine de quelque Docteur
approuvé, fondé dans la vérité, &
reconnu par tel, & alors l'entêtement devient une foi ſimple, qui
croit & aime la vérité ſans la connoître par ſa propre lumiere. Tel
entêtement peut même former des
Hérétiques, comme on dit, mate-
riels, qui ne ſont pas toujours con-
damnables quand ils ne s'attachent
pas à leurs dogmes hérétiques par
obſtination, mais faute de lumiere
néceſſaire pour connoître la vérité ;
ſuppoſé que ce dogme ne ſoit pas
oppoſé à la foi de Jeſus-Chriſt, hors
laquelle il n'y a pas de ſalut.

On pourroit croire que ces réfléxions ne concernent pas la vie ci-

vile d'un Chrétien, mais fi on confidére que chaque Chrétien, doit en tout agir avec juftice, & faire ce qui eft jufte, on reviendra aux principes de la vérité, hors laquelle on ne trouvera que de la fauffeté. Car tout ce qu'il y a dans le monde n'eft fondé que fur des opinions anfquelles l'orgueil & la préfomption peut attacher l'homme avec opiniâtreté, mais un véritable Chrétien étant docile, doit être dans la difpofition de facrifier fes propres opinions à la vérité auffi-tôt qu'il la connoîtra ; en forte qu'il ne foutiendra rien dans les converfations même avec chaleur & animofité ; car il ne s'imagine pas tout favoir, mais il eft perfuadé de pouvoir fe tromper aifément.

# CHAPITRE IX.

## *Sur la politesse qu'on doit aux femmes.*

ON ne sauroit justifier la conduite de ceux qui se font des idoles des femmes, car elle n'est fondée que sur la suggestion de la chair & du sang. Les femmes sont assujetties aux hommes par la sentence prononcée à la premiere femme, mais ce que les Ecritures nous enseignent, n'est nullement contraire aux égards que la véritable politesse exige.

Elles sont données aux hommes pour être leurs compagnes, elles sont chair de la chair & os de leurs os par l'ordre de la création : mais elles deviennent telle spécifiquement par le lien du mariage.

Voilà la source du penchant réciproque des deux sexes, devenu si funeste & dangereux par le péché. L'homme ne peut étouffer dans cette vie l'aiguillon de la chair, car nul n'est chaste par sa nature ; cependant tous les Chrétiens sont obligés à reprimer cet aiguillon pour rendre innocent ce penchant mutuel des deux sexes ; car l'amour des femmes n'est pas mauvais par lui-même, il devient cependant criminel par les mauvaises fins.

C'est donc la nature elle-même qui nous enseigne la politesse envers les femmes, mais il faut ( autant que l'état & le devoir d'un chacun le permettent ) éviter & fuir même leur compagnie : car ce sont les objets les plus dangereux de nos yeux, & de la politesse des hommes. Le chaste Joseph, connut bien le penchant criminel que sa maîtresse avoit pour lui, il ne négligea pas cependant pour cela son devoir, & n'évita pas de la voir, lorsque le même devoir exigeoit qu'il la vît ; mais il sut fort bien imposer des bornes à sa politesse & à son devoir ;

lorſqu'il s'agit de commettre le crime. Si cependant Joſeph eût ſenti
le même penchant pour ſa maîtreſſe,
que celle-ci avoit eu pour lui, comme l'occaſion eût été prochaine, on
ne peut pas douter qu'il n'eût évité
& quitté tout-à-fait ſa maîtreſſe,
plûtôt que de s'y expoſer. C'eſt un
bel exemple pour bien régler la politeſſe qu'on doit aux femmes, car
il eſt certain que leur compagnie eſt
plus ou moins dangereuſe, ſelon les
différends temperamens. Un ſeul
regard d'une femme peut devenir
funeſte & criminel à quelqu'un qui
en aura vû beaucoup d'autres ſans
danger. Il eſt certain que par le ré-
gard le plus ſimple & le plus innocent d'une femme, ou même d'un
homme ; nous ſentons plus de penchant pour l'un que pour l'autre.
C'eſt ce qui produit la ſimpathie ou
l'antipathie naturelle, dont la cauſe
n'eſt pas évidemment connue au plus
habile Phyſicien. Cependant la réa-
lité de ces effets ſuffit, pour conclure qu'un Chrétien doit être ſort cir-

conſpect en ce qui concerne la politeſſe pour les femmes, afin que cette
fatale ſimpathie dont les premiers
mouvemens peuvent être fort innocens, ne prenne le maſque de la politeſſe, de la civilité & du devoir,
pour le tromper & pour le faire tomber, car une politeſſe attire l'autre,
celle-ci eſt ſuivie de civilité & d'attentions; l'attention produit des
complaiſances qui font naître des
amitiés, dont les ſuivantes ont ſouvent cauſé les chûtes des plus grands
hommes. Le ſeul exemple de Salomon, le plus ſage de tous les hommes, doit nous ſuffire.

Les Ecrits ſont remplis de conſeils, qu'il donne pour nous rendre
ſenſibles les dangers des converſations des femmes, & les comparai-
ſons qu'il fait nous doivent inſpirer
de la frayeur, malgré les périls que
l'Ecriture nous fait voir dans le commerce des femmes; il n'y a que les
ſolitaires qui puiſſent ſe priver de
leurs vûes; les Chrétiens engagés
dans la vie civile ne ſauroient

s'abstenir de leurs conversations.

Il y a des Reines, des Princeſſes, des grandes Dames, auſquelles les hommes doivent du reſpect, de l'honneur & tant d'autres égards, ils ſont même obligés de les ſervir.

Ce n'eſt pas ſans un deſſein particulier que la Providence a permis une plus grande liberté, ou pour mieux dire, un plus grand libertinage aux femmes, dans l'Europe, qu'elles n'en ont dans les trois autres parties du monde. Cette liberté dis je, bien entendue devroit être un des fruits de la réparation de la nature parmi les enfans du nouvel Adam, & un ſigne de l'état d'innocence dans lequel nous introduit notre renaiſſance ſpirituelle; mais les hommes tournent la liberté en libertinage, en ſorte que la vie des Chrétiens eſt devenue le ſcandale des Infidéles même : parmi ceux-ci les femmes ſont ſervies par les femmes, elles ont toutes le viſage couvert, & les hommes ne ſauroient les regarder ſans incivilité. Elles ſont considérées comme des espéces d'animaux destinés à la propagation des hommes: mais dans leur esclavage apparent, elles ne sont pas moins respectées de leurs maris, que dans la Chrétienté. Elles font une bande à part, formant une espéce de République, séparées des hommes dans la vie civile : elles se voient, elles se divertissent entr'elles, éloignées de tout commerce des hommes, hors leur mari.

On ne sauroit dire que cet établissement n'exempte les hommes & les femmes d'une infinité de péchés, dont la vie commune des Chrétiens paroît être remplie. Mais toute cette conduite ne rend pas les hommes chastes, & les deux sexes ne sont nullement exempts de passions, desirs & actions criminelles. Ainsi on doit plus se confier dans la grace que l'Homme Dieu nous a méritée, que dans toutes les précautions, que les Infidéles prennent contre la corruption de la nature.

Voilà la réfléxion à laquelle con-

duit l'arrangement de la Providence, que nous voyons dans la vie civile des Chrétiens. On pourroit dire que les femmes des Infidéles ne
connoiſſant pas la régénération ſpirituelle, puiſqu'elles cachent leurs
viſages, comme ſi elles reſſentoient
encore la honte de la prévarication
de la premiere femme, au lieu que
les femmes Chrétiennes conduites
par la foi, repréſentent par la liberté, qu'on leur a accordée l'état
d'innocence dans lequel la honte
étoit inconnue.

Tel ſeroit en effet notre ſort ſi on
étoit auſſi jaloux qu'on devroit être
de la conſervation de cette même
innocence que le Baptême nous rend;
car rien n'eſt plus beau que ce Corps
myſtique de l'Egliſe, dans lequel
les deux ſexes ſont également ſanc-
tifiés, ils jouiſſent des mêmes Sacremens, & ils ſont appellés au même
bonheur.

Il eſt cependant vrai que rien n'eſt
plus oppoſé à l'eſprit de Dieu & de
notre Légiſlateur, que la maniere

de vivre des Chrétiens de l'un & de l'autre sexe ; on a déja fait des réfléxions suffisantes sur le penchant violent que la nature inspire à l'un pour l'autre, les occasions du mal sont inombrables. La nature reste toujours corrompue, la chair aime son semblable, & ces vérités devroient être des sujets continuels de nos méditations , & des motifs de notre crainte.

Conclura-t-on de tout ceci qu'il faut donc abandonner le monde, c'est à-dire la vie civile pour se renfermer dans des Monasteres, & se retirer dans des cavernes ? Ce conseil seroit sans doute très - utile & nécessaire même à plusieurs , mais il seroit bien contraire à l'ordre de la Providence , si on le suivoit généralement. Ce ne sont pas les Monasteres & les déserts qui nous sauvent, mais la grace de Jesus - Christ ; on peut se sauver dans tous les états avec elle, on ne sauroit se sauver dans aucun, sans elle ; sa vertu infinie éclate dans nos infirmités , rien ne lui est impossible, pourvu que l'homme lui soit fidéle, elle ne l'abandonne jamais.

Que chacun suive donc la vocation à laquelle il est appellé, si les dangers sont grands, les ressources sont encore plus puissantes ; & c'est ce qui doit modérer les frayeurs des hommes, & les rassurer dans le séjour de leur pélerinage. Malheur à celui qui voudroit présumer de ses forces, & chercher le danger avec effronterie. Malheur, dis-je, à celui qui s'ingére dans quelque état sans être appellé de Dieu, mais aussi malheur à celui qui par une pusilanimité scrupuleuse, néglige ses fonctions de l'état dans lequel la Providence l'a placé. Armons nous de la foi, de l'espérance & de la charité, & marchant avec une magnanimité Chrétienne dans la voie de la justice, nous triompherons de nos ennemis ; mais aussi il est certain que sans ces puissantes armes, on succombera toujours.

Il faudroit entrer dans une differtation trop longue pour décider, si la conversation des femmes est plus dangereuse aux hommes, ou si la conversation de ceux-ci est plus périlleuse pour les premieres : les uns & les autres sont formés de la même argile ; on attribue communément plus de vivacité & plus de tendresse aux femmes, plus de solidité, plus de prudence aux hommes. Mais ces savantes ou curieuses recherches ne sont pas des objets, dont un Chrétien doive s'occuper pour en tirer des principes qui n'ont nulle solidité : il est plus sûr de se méfier de soi-même, & de travailler à rendre ses yeux simples , pour que tout son corps soit lumineux.

On ne fait pas communément assez d'attention sur cette doctrine du Sauveur, on ne pense pas à quel usage les yeux nous ont été donnés, car rien n'est plus ordinaire que de jetter des regards sans nécessité & sans attention , ou de regarder avec trop d'attention sans nécessité.

Il y a des regards curieux , il y a

des regards hardis , effrontés , par
lesquels les objets extérieurs en-
trent dans nous , & font des impref-
fions très-dangereufes ; prefque tous
nos fens peuvent fe laffer , mais la
vûe veut toujours s’occuper , & il
coute beaucoup à l’homme de détourner fes yeux dès qu’ils commencent à regarder fixement quelque
objet : c’eft cependant un point effentiel pour bien régler la politeffe
à l’égard des femmes. Tout le monde fait qu’il eft contraire au refpect
qu’on doit aux Reines & Princeffes,
aux Dames d’une haute naiffance &
extraction , de les regarder , quand
on leur parle , & parmi des perfonnes qui favent vivre ; ce ne font
que les jeunes étourdis qui abordent
les Dames de qualité , avec har-
dieffe & avec des regards effrontés ;
car la régle générale que le monde a
introduit dans fa politeffe , de refpecter le fexe , comprend tout ces
menagemens.

Les femmes veulent de l’enjoue-
ment dans la converfation , elles ai-

ment à être louées & flatées, elles se plaisent dans des regards dérobés & dans des langages doucereux. Elles veulent enfin des complaisances & des attentions, & voila ce qui rend leurs conversations dangereuses. Car rien de tout cela n'est innocent aux yeux de Dieu, puisque ce sont autant de péchés, ou occasions prochaines du péché, ou enfin des fautes très-dangereuses qui coulent de l'amour propre.

Où trouvera-t-on des femmes exemptes de ces défauts, les plus dévotes de profession aiment à causer. Mais les longues conversations ne sont jamais exemptes de fautes. En sorte que la régle la plus salutaire est de ne chercher jamais leurs conversations sans une nécessité indispensable; de ne jamais les regarder par curiosité, de baisser les yeux aussi-tôt que l'on sent quelque agrément de les voir, de ne se pas familiariser avec elles, mais de ne leur jamais refuser les civilités que l'usage commun a établi.

Le

Le respect qu'on défére communément aux femmes, n'a rien de mauvais en lui-même, où il serviroit de frein aux hommes, si on l'observoit toujours avec exactitude ; mais en se familiarisant trop, on oublie le respect & on se donne des permissions très-dangereuses.

Il se trouve si communément des conducteurs spirituels, qui admettent le jeu pour amusement, mais malheur au Chrétien qui ne sait pas mieux employer son tems, s'il en est le maître. Il peut cependant arriver des cas, où l'on peut être dans tel état, dans lequel l'homme ne sauroit s'en dispenser ; mais pourvu que son plaisir n'y contribue pas & que son propre penchant ne l'entraîne, il trouvera très-souvent des moyens de se dégager avec bienséance, ou d'offrir à Dieu en esprit de mortification ; l'obéissance qu'on peut lui imposer, de jouer. On parle du jeu, parce qu'il fait ordinairement une partie des conversations des femmes ; il faut tomber d'accord que

*Tome II.* Q

s'il est d'un devoir indispensable de
les voir, on fait moins de mal si on
joue aux petits jeux, qui n'incom-
modent pas, que si on ne joue pas,
puisque sans cet amusement on ne
porte que des nouvelles du joueur,
on médit ou on donne des occasions
à la médisance. Ainsi de quel côté
qu'on tourne la conversation des
femmes, on ne rencontre que des
écueils ; le silence même qu'on gar-
deroit en leur présence n'est pas entierement exempt de danger, parce
que leur esprit, leur vivacité, en-
jouement, contenance, & leur ton
de voix même, peuvent faire des
impressions.

On à souvent cru de pouvoir lever innocemment les yeux sur elles ;
mais on ne les a pas baissés de même,
car on aura rencontré les leurs, &
dans ce mutuel regard, la simpa-
thie dont on a parlé, fait souvent
des efforts imprévûs & funestes.

Les hommes bien nés & naturellement modestes, ont communément de l'aversion pour les femmes

légéres & effrontées, ou comme on
appelle, coquettes, mais celles qui
font folides, modeftes, & pofées,
ne leur font pas moins dangereufes :
car ce penchant auffi profondément
gravé dans la nature, fe déguife
de mille manieres, & il a fait fentir fes effets jufques dans des folitu-
des & des lieux facrés. Combien de
Conférences fpirituelles ? combien
de Confeffions n'on - t'elles pas
abouti aux crimes des Confeffeurs
& des penitentes ? Heureux les Chrétiens qui profitent de tant d'exemples, en fe méfiant d'eux mêmes &
de toute la vertu, modeftie & fageffe apparente des femmes.

Le mariage attache l'homme à
la femme, & par l'ordination divine même, une femme devient la
moitié de l'homme. Ce Sacrement
devroit être le frein de la concupifcence, en fixant & attachant l'homme à un objet, dont il peut ufer lé-
gitimement. Ainfi le lien mutuel eft
le véritable fondement de la politeffe, à laquelle on eft obligé mu-

tuellement, de façon que si l'on considére les objets du mariage, rien
n'est plus beau ni plus conforme à
la volonté & aux desseins de Dieu.
Car la doctrine Chrétienne nous enseigne de le contracter en vûe de
donner des enfans à l'Eglise, & des
Saints à Dieu. Cette réfléxion que
la foi rend d'autant plus vive, qu'elle nous représente son étendue, porte l'esprit au mariage, & si on consulte la chair & le sang, ils nous le
rendent désirable, par leur propre
nature, puisque c'est l'unique état
dans lequel on peut sanctifier les
desirs de la chair.

Rien n'est plus agréable que d'envisager une ame fidéle qui partage
avec l'homme toutes les traverses de
la vie,& aide à les supporter, en qui
nous pouvons avoir autant de confiance qu'en nous - mêmes, parce
qu'elle doit devenir un autre nous-
mêmes, & lorsqu'on songe aux héritiers, quel plaisir l'homme ne
ressent il pas de se voir pere, & per-
pétuer ainsi son nom sur la terre. Et

enfin si on tourne cette penſée ſpiri-
tuellement comme j'ai déja dit, quelle plus grande gloire peut-il eſpérer
que d'augmenter le nombre des
Bienheureux, qui louent Dieu dans
toute l'éternité.

Plus on eſt Chrétien, plus on con-
çoit ces réfléxions, mais en même
tems ſi le mariage paroît beau &
agréable de ce côté, rien n'eſt plus
affreux de l'autre. Où trouvera-
t-on cette femme forte, douée de
toutes les qualités que Salomon lui
attribue, ſans leſquelles une femme n'eſt plus un ſoulagement, mais
un fardeau inſupportable, &
cependant inſéparable de nous
pour le reſte de nos jours ? Dans le
tems où nous vivons, plus elles ſont
grandes d'extraction & de naiſſance,
plus elles ſongent à être ſemblables
aux poupées & veulent être regar-
dées de même de leurs maris ; eu-
tretenues dans l'abondance, habil-
lées avec magnificence, & traitées
avec complaiſance. Elles demandent toute la déférence & preſque

une aveugle obéiſſance:elle ne prennent plus de part dans le ménage
ni dans l'éducation de leurs propres
enfans. Il leur ſuffit de les mettre au
monde; c'eſt aux nourrices de les
nourrir, aux Communautés à les
élever, & c'eſt en effet ce qui peut
leur arriver de mieux; ſi les mai-
ſons dans leſquelles on les place
ſont bien réglées.

Les agrémens perſonnels ſoutiennent les premieres années du mariage, lorſqu'ils ſont mutuels, mais s'ils
forment des paſſions réciproques
d'abord, elles ne peuvent pas durer
toujours avec la premiere violence:
ſi cependant elles ſe ralentiſſent également de part & d'autre, elles deviennent une amitié aſſez douce.
Mais ſi la vivacité ſubſiſte dans l'un,
& qu'elle ſe ralentiſſe dans l'autre,
les ſoupçons, les reproches, les ja-
louſies produiſent des peines auſquelles rien n'eſt comparable, que les
tourmens de l'enfer.

Tels ſont d'ordinaire les mariages contractés par la concupiſcence

de la chair ; mais la politique réuf-
fit-elle mieux ? Non certes, car d'ordinaire ces mariages commencent
par la contrainte, ils fubfiftent dans
une divifion continuelle de fentimens & d'inclinations, & fi chacun
vit à fa fantaifie, on devient devant
Dieu plus coupable qu'on ne penfe.
On fait des efforts au commencement, on fe cache, on fe déguife,
on s'accommode à l'humeur de l'autre ; mais à la fin l'une ou l'autre des
parties fe laffe, & l'un commence à
exiger de l'autre plus qu'il ne lui
rend. Alors les dégoûts, les aigreurs
fuccédent à la complaifance, & peu
à peu on commence à s'éviter, à fe
fuir, & fouvent à fe haïr mutuellement. Il eft affreux de penfer que les
malheurs de ces mariages purement
mondains, commencent dans ce
monde, & fi la mort trouve les perfonnes mariées, dans ces mêmes
difpofitions, elle les entretient dans
ce miférable état pendant toute l'é-
ternité. Une telle époufe, une vieille riche en efpérance de ne vivre

Q iiij

que peu d'années ; ces vûes font tout-
à-fait oppofées à l'établiffement du
mariage, car elles ne regardent ni
la génération des enfans, ni l'amor-
tiffement de la concupifcence ; parce qu'à mefure que la vieille femme commence à lui déplaire , les
autres commencent à lui plaire, &
enfin il s'abandonne à la concupifcence illégitime. Il n'y a pas de régles pour la politeffe de ces fortes
de mariages ; il ne convient pas à un
Chrétien de contracter ainfi, au mépris du *Sacrement* de fa Religion, à
moins qu'au lieu des graces qu'il devroit recevoir par ce facré canal, il
ne veuille encourir des malédictions
& des châtimens , que la juftice de
Dieu ne manque jamais de répandre , pour punir dignement l'abus
que l'on fait de fes Sacremens.

On peut quitter les autres états
dans lefquels on eft entré fans la vocation de Dieu ; & quoique le Sacerdoce foit également un Ordre dont
on ne peut plus fe dégager. Il y a
beaucoup plus de reffource de repa-

rer fa vocation par la pénitence, dans le Sacerdoce, qu'il n'y en a dans le mariage, puifque dans celui-ci on eft divifé entre Dieu & la femme, & que dans l'autre, on peut être entierement à Dieu.

On pourroit faire des volumes de réfléxions fur les fuites d'un mariage contracté contre l'ordre & la volonté de Dieu. Mais toute la vie civile des Chrétiens, n'eft qu'un Livre qui contient de tels exemples. Il eft ouvert pour tout le monde, & il eft le même dans tous les Royaumes & Provinces de la Chrétienneté.

On voit dans ce Livre que la politeffe de ces fortes de mariages, confifte dans des civilités mutuelles, pouffées jufqu'à la complaifance de diffimuler des crimes mutuellement connus, de les tolerer, & de les flater fouvent. Mais malheur à la politeffe qui n'eft pas fondée fur la juftice de Dieu, car alors elle n'eft plus qu'une lâcheté fuggérée par la cupidité. On eft indulgent pour obtenir in-

Q v

dulgence, il eſt vrai que l'homme en cela ſuit la loi de la nature ; car il agit à l'égard de ſa femme, ſelon qu'il voudroit qu'elle agit envers lui, mais il ſuit la loi de la nature corrompue, & il la ſuit dans l'aveuglement par lequel il prend le mal pour le bien, & par-conſéquent il agit directement contre la juſtice établie par la loi de Dieu.

La véritable politeſſe dans ces ſortes d'occaſions devroit commencer par des œuvres de pénitence de part & d'autre, à laquelle on devroit s'exhorter mutuellement, pour réparer la faute du choix de ſa vocation. Et c'eſt ainſi que l'on pourroit parvenir à l'union de l'eſprit & de la volonté, dans laquelle conſiſte la véritable politeſſe entre les perſonnes mariées. Si cependant cette union n'eſt pas rapportée à la juſtice de Dieu & à ſa volonté, elle ne peut être ferme ; car l'eſprit humain varie toujours ſous le frien que la loi de Dieu lui doit impoſer.

Ce ne ſont donc que ces heureu

ſes diſpoſitions qui rendent le mariage Chrétien ; Canal de grace , état ſaint & une véritable figure de l'union des deux natures en Jeſus-Chriſt, & de la ſienne avec l'Egliſe. Au reſte les Apôtres ont ſufiſamment écrit du devoir des perſonnes mariées. Leurs Leçons peuvent mieux enſeigner la politeſſe , ſur laquelle ces réfléxions s'étendent.

On ne verroit pas un ſi grand nombre de mariages malheureux , ſi on ſuivoit plus communément l'eſprit de ſon inſtitution en le contractant. Mais il eſt trop évident de tout ce que l'on a rapporté , que le mariage contracté par le deſir de la chair, par l'avarice, & en vûe d'obtenir des richeſſes , ou enfin par des fins que la prudence humaine repréſente , ne ſauroient être qu'un malheur temporel & éternel, ſi on ne le repare par des longues pénitences , & par un meilleur changement de vie.

# CHAPITRE X.

### Sur la politesse des Cours.

LA Cour d'un Roi ou d'un Prince , n'est qu'une assemblée d'hommes de différentes vocations, dont la vie civile est composée. La Cour suppose la personne d'un Souverain , & elle consiste dans sa maison, dans sa famille , dans les Courtisans, dans les Etrangers. La Maison comprend dans sa signification, les charges & toutes les personnes destinées au service de la personne du Prince, & on les appelle domestiques. Le nom de Courtisan s'étend sur toutes les différentes dignités de l'Etat , & personnes qui fréquentent la Cour , étant sujets du Prince. Les Etrangers sont les ministres & sujets des autres Princes, qui fréquentent la Cour par telles raisons que se puisse être.

Ce font les différends objets fur lefquels on doit étendre ces réfléxions pour développer la véritable politeſſe d'un Chrétien engagé dans la vie civile, dans laquelle les Cours des Princes y font comprifes.

Tout ce qu'on a dit depuis le commencement de ces réfléxions, a du rapport à ce fujet, dont on commence de traiter; en forte qu'il ne fera néceſſaire qu'à bien appliquer les régles générales déja établies. Cette feule idée de la Cour doit repréfenter à un Chrétien les dangers dans lefquels on vit, par rapport au falut; lorfqu'on y eſt engagé, & par conféquent on peut aifément comprendre qu'il y a eu un aſſez grand nombre de Saints parmi les Rois, & les Princes, mais il n'y a jamais eu une Cour fainte.

Voilà pourqui on confeille de fuir les Cours, à tous ceux qui veulent fe fanctifier; car parmi un fi grand nombre d'hommes de tant de différentes qualités, tels Saints que puiſſe être les Princes, ils ne pourroiu

jamais bannir l'efprit du monde, entierement oppofé à celui de Dieu.
Ainfi la même vérité qui nous enfeigne que le nombre des appellés eft
grand & celui des Elus eft petit ;
nous fait voir que le nombre des
Saints à la Cour, eft encore plus petit
par rapport à celui dont elle eft
compofée.

Tous les différends emplois ren-
ferment une infinité de dangers &
de tentations ; & ce font autant d'armes par le moyen defquelles les ennemis du falut, bleffent & tuent les
ames des hommes.

Si l'on confidére la vie de Saül,
premier Roi du peuple de Dieu, on
eft porté à croire que ce n'eft que
l'ambition des Rois & des Princes,
leur fafte & vanité qui ont introduit
les magnificences, & par conféquent
ce n'eft que par ce motif qu'ils ont
affemblé ce grand nombre d'hommes, pour en fervir un feul. Les
Orientaux ayant encore confervé les
anciennes maximes & ufages ; nous
peuvent donner des idées des Cours

des Rois & des Princes, dont l'Ecriture & les anciennes Histoires parlent. Leurs mœurs, leurs façons de vie sont différentes de celles des Rois Chrétiens, & par conséquent le service, l'ordre & le gouvernement, sont aussi diversifiés. D'où on ne peut clairement voir que tout cela n'est ainsi disposé que par l'ordre de la Providence, & des loix que Dieu a données aux hommes.

Les peuples & par conséquent les Rois qui ignorent la doctrine de J. C. suivent encore les anciens principes des Puissances qui gouvernoient les hommes sous la loi du péché & de la servitude, parce qu'ils ne profitent pas des graces que Jesus-Christ a méritées aux hommes. Leur domination est arbitraire parce qu'ils rapportent tout à eux-mêmes, leur façon de vie retirée n'inspire que la crainte, & en un mot toute leur conduite sent encore la servitude & la peine du péché.

Pour mieux développer cette pensée qu'on tourne les yeux du côté de la Chrétienté ; où trouvera-t-on un peuple qui n'ait ses loix fixes & établies, que tous les Rois si hérédi-taires qu'ils puissent être, promet-tent toujours par serment d'observer, & par cet acte public même, ils re-connoissent une loi & une justice au-dessus d'eux, qui est celle du Roi des Rois, dont ils ne sont que les Vicaires ?

Les loix civiles établissent l'auto-rité de ces Vicaires, & ces Vicai-res en les confirmant, donnent de la vigueur aux loix, parce qu'ils s'en-gagent à les exécuter. Quel objet ont-elles ces loix ? La justice, & quel objet a-t-elle cette justice ? Le salut, le bien & la tranquilité publique. Mais d'où provient un tel dessein du peuple, d'établir ce salut, ce bien, & cette tranquilité publique ? Il faut être aveugle pour ne pas connoître qu'il émane de cette loi d'amour écri-te dans le cœur des hommes, par l'esprit dont le Sang de Jesus-Christ nous a mérité l'effusion.

Cette loi établit les Princes ima-

ges de Jesus-Chrift, qui eft premier
né entre les enfans de Dieu, & notre frere aîné. Voilà la qualité qu'un
Prince Chrétien doit repréfenter.
Mais Jesus-Chrift eft un Roi qui
nous a donné des loix ; mais c'eft
un Roi pour affujetir tout à fon Pere, pour que fa volonté foit exécutée :
& il a reçu pour cela toute puiffance fur la terre. Et voilà le pouvoir
qu'il a donné à fes Vicaires. Mais J.
C. eft venu pour fervir & non pour
être fervi. C'eft pourquoi les Princes Chrétiens font des perfonnes
publiques & doivent tout faire pour
l'utilité du même public , & non
pour leurs plaifirs particuliers. Enfin
Jesus-Chrift eft notre Pere, en tant
qu'il nous a donné la naiffance fpi-
rituelle, nous ayant engendrés en
Pere célefte, & à cette qualité doivent auffi participer fes Vicaires,
outre celle de Pafteur , & voilà pourquoi ils doivent agir en pere, & non
en Pafteur.

Raffemblons toutes ces qualités &
confidérons le devoir de chacune,

nous verrons que l'exécution de ce même devoir, a introduit les charges & les dignités, & l'étendue de l'amour envers les enfans & brebis, a obligé & oblige les Princes Chrétiens d'avoir des Cours, & non pas la vanité, ni la cupidité.

Voilà les ressorts de cette adorable Providence, ausquels nous devons rapporter les établissemens des Cours.

Considérons en même tems la nature dépravée des hommes, sa corruption & ses foiblesses; & nous démêlerons aisément que tout bien vient du Pere de lumiere & souverain bien, & le mal coule de notre corruption. Ne nous étonnons donc plus que les Orientaux Infidéles sont si jaloux de leurs coûtumes, & que les Puissances Chrétiennes ayent changé de maximes à mesure de l'établissement de la Religion. Faisons le parallele de Constantin, premier Empereur Chrétien, avec ses Prédécesseurs Payens; voyons sa maniere de vivre, ses établissemens, on ne pourra plus douter de cette vérité ; & si on examine ainsi la suite des terres , & la propagation de l'Eglise, on sera confirmé dans ces mêmes vérités , d'où l'on pourra conclure que nous devons la politesse à la Religion, & que nous devons chercher les régles de celle-ci, dans les maximes de l'autre , car la barbarie regne encore où elle n'est pas connue.

Si on veut s'étendre sur ces remarques, on n'a qu'à se repréfenter le Grand Seigneur dans ses pompes les plus éclatantes ; où l'ordre, le silence, & la magnificence regnent également. Voyons-le entouré des gardes de trois différends corps , & confidérons attentivement sa propre perfonne , marchant d'un pas lent de son cheval, immobile du corps & des yeux, avec un air févére ; confidérons tous ses fujets , on n'en trouvera pas un qui ofât élever ses yeux sur lui ; les habitans se retirent dans leurs maisons , & à peine osent-ils le regarder à travers leurs jalou-

fies. La garde des Janissaires qui bor-
de les rues, baisse la tête jusqu'à
terre lorsqu'il passe, & dans ce cor-
tege, & suite nombreuse d'hommes, le silence & la gravité sont si
regulierement gardées, qu'on en-
tendroit un concert de luth.

Cela vient sans doute que ce Prince est regardé comme l'image de
Dieu, de qui toute puissance est don-
née, mais il est l'image de ce Dieu
courroucé contre les hommes escla-
ves du péché; de qui son propre peuple n'osoit entendre la voix, de ce
Dieu, dis-je, tonnant sur le mont
Sinaï, qui châtioit les prévarications
de ce même peuple par le feu du
Ciel, par des serpens enflammés, &
par des Anges exterminateurs.

Qu'on tourne les yeux du côté de
l'Europe pour observer la marche la
plus éclatante d'un Roi Chrétien, le
spectacle sera tout-à fait différend.
L'ordre & la magnificence s'y trouvent, mais au lieu d'un silence morne, la joie, les ris, l'acclamation
du peuple, regnent par tout. Tout

y court, tout s'y remue, & comble
de vœux le Souverain. Qu'il regarde
à fon tour le peuple, avec une bonté & une affection, peintes fur fon
vifage.

A peine eft-il paffé par une rue,
le peuple court par des voies détour-
nées pour le voir de nouveau, car il
ne peut être raffafié de fa vûe. D'où
vient cette différence ? Que les prophanes difent ce qu'ils veulent, exa-
minons-là fpirituellement, nous démêlerons aifément la vérité.

Ce Prince Chrétien eft une image
d'un Dieu fait Homme, d'un Dieu
Roi, Pere, Pafteur, Frere & Miniftre des hommes, en tant qu'il eft
leur Médiateur & Avocat. Tout ce
peuple Chrétien eft enfant de Dieu,
jouiffant de la même liberté & biens
fpirituels. Il eft l'héritier du même
Royaume, la loi d'amour eft gravée
dans fon cœur, fon péché a été effacé dans fa fource ; & c'eft ainfi
qu'il a été régénéré.

Voilà le caractere dont fon Prince
eft révêtu, voilà les effets que le

peuple marque. Les Savans Historiens imbus de la science du monde diront peut-être, que ces différentes mœurs des Orientaux & des Occidentaux, viennent de la politesse des Grecs & des Romains. Mais ils auront bien de la peine d'étendre leurs raisonnemens sur-tout le peuple d'Europe.

Où trouveront-ils la politesse dans le bas Empire, sous lequel les soldats séditieux changoient leurs Maîtres selon leur caprice ; élevant au Trône le plus tumultueux de leurs camarades ? Ces savans mondains, dis-je, se rendroient ridicules, si dans les révolutions de l'Empire Romain, ils vouloient rappeller la gravité, la politesse, & les mœurs de l'ancien Sénat. Ils pourroient peut-être nous montrer quelques hommes illustres & graves dans ces derniers tems. Mais à qui persuaderont-ils que leurs exemples ayent été plus généralement suivis, que la corruption & le déreglement des Empereurs, & par conséquent comment pourroit on

prouver que cette ancienne politesse
tant vantée, s'est conservée, pour
qu'elle eût pû être transplantée,
pour ainsi dire, dans les Lombards,
Francs, Gots, Visigots, Ostrogots,
Huns, Alains, Suisses &c... Non
non Rome même idolâtre ne doit sa
plus grande politesse, science, splen-
deur & puissance, dans lesquelles
elle a été du tems d'Auguste, qu'aux
rayons de l'étoile qui apparut dans
l'Orient, présage de la vocation des
Gentils, à la véritable politesse.

La nature ressent les effets du Soleil bien long-tems avant de voir cet
Astre, & c'est ainsi que Rome res-
sentoit alors les influences du Soleil levant, dans l'obscurité de l'éta-
ble de Bethléem ; avant de voir par
les yeux de la foi, le même Soleil.

La véritable politesse, sur laquelle on étend ces réfléxions, n'a pa-
rue que dans Jesus-Christ, qui en
est l'Auteur & l'Exemple, non-seu-
lement dans la vie spirituelle, mais
aussi dans la vie civile. Ainsi laissons
les histoires prophanes aux savans,

sans nous écarter de ce point de vûe qu'un Chrétien doit envisager. Cherchons ce qui a donné naissance à la Cour d'un Prince Chrétien, selon les desseins de la Providence.

Nous ne voulons pas confondre dans ces réfléxions, le spirituel avec le temporel ; elles ne doivent pas regarder le premier. On sait, que la puissance temporelle ne doit pas s'ingérer dans la puissance spirituelle, & par conséquent on ne considére pas ici Jesus-Christ en qualité de Chef de l'Eglise, & Roi spirituel, mais en celle du Roi des Rois temporels, puisqu'il est le modéle des uns & des autres. Ainsi on demande en charité que cette déclaration suffise pour toujours aux critiques, afin qu'on puisse poursuivre ces réfléxions avec moins de gêne. Un Chretien doit savoir la doctrine de l'Eglise, & les Catholiques doivent reconnoître son Chef visible, auquel on ne veut nullement déroger.

Si un Roi Chrétien doit être l'image

mage de Jesus-Chrift, comme on a déja dit, il doit être Roi, Pere Pasteur, Docteur, Frere, Miniftre & Avocat de fon peuple. Dieu par la vertu de fa toute-puiffance pouvoit tout gouverner par lui-même, il a cependant crée trois Hierarchies des Efprits, divifées en neuf chœurs, pour fon Miniftere.

Jefus-Chrift Dieu & Homme tout enfemble, pouvoit tout feul affujettir les hommes à fon Pere célefte, en les convertiffant par fa Prédication. Il a cependant choifi douze Apôtres, & foixante & dix Difciples, pour cette même fonction. Il a répandu fon Efprit fur eux, il leur a enfuite vifiblement envoyé le Saint Efprit, defcendu fur les Fidéles, & il a donné le pouvoir à fes Apôtres de conférer ce même Efprit aux autres.

Tout peuple Chrétien eft appellé Saint, Royal, & Sacerdotal. Saint Paul cependant nous apprend que tous ne font pas des Apôtres, des Evangéliftes, des Docteurs, ni des

*Tome II.* R

Prophétes , &c. D'où cela vient il ?
Sinon de ce que c'est sans doute le
même Esprit qui opére tous ces différents dons , mais il les répand différemment pour le bien de son
Eglise. Voilà le rapport du gouvernement de l'Eglise militante , à celui de l'Eglise triomphante : car outre les fonctions des Anges & re-
partitions de leurs charges , outre
les Saints qui jouissent de différends
dégrés de Béatitude (outre les louanges perpétuelles de Dieu , ils peuvent encore avoir des fonctions particulieres attachées à l'état , dans lequel Dieu , les a sanctifiés sur la
terre. On pourroit facilement les
distinguer & les partager en neuf
Ordres , par les prieres desquels
on pourroit dire que Jesus-Christ
répand ses graces sur les différends
états, dont l'Eglise militante est composée : & cette réfléxion seroit fondée sur la doctrine de l'invocation
des Saints. Mais en tout ce qu'on a
produit touchant les Anges & les
Saints, on n'a pas d'autre dessein

que de conclure, que si Dieu a eu pour ainsi dire besoin des Anges pour son Ministere ; si Jesus Christ a formé la Hierarchie de l'Eglise pour l'établir & pour la gouverner spirituellement ; les Princes Chrétiens qui sont son image & ses lieutenans, pour ne pas dire vicaires, doivent établir leurs Cours pour la gouverner temporellement en ce qui regarde la vie civile des Fidéles, dont cette même Eglise est composée.

Il lui faut des Ministres pour administrer la justice, & ce sont les Magistrats ; il faut des Ministres de police, & parmi ceux ci sont comprises les dignités de l'Etat, & les charges de leurs maisons. Il leur faut des Défenseurs de la sûreté & de la tranquilité publique, & c'est la milice.

L'homme est obligé à la politesse envers sa propre dignité, comme il a été dit dans le second Chapitre de ces réfléxions ; voilà d'où vient la nécessité d'un nombre convenable de domeſtiques pour le ſervice de ſa propre perſonne & de ſa famille. Il doit la charité à ſes ſujets, en qualité de Pere, de Frere, & de Paſteur : & ce motif concourt à augmenter ſa maiſon pour employer dignement la Nobleſſe apauvrie, pour faire inſtruire la jeuneſſe & pour récompenſer la fidélité de la vieilleſſe. Que l'on réfléchiſſe encore une fois ſur l'étendue de tous ſes devoirs, on verra aiſément que la Cour d'un Souverain ne ſauroit être aſſez grande, pour que la cupidité & la vanité n'y ayent part.

Les hommes ſcrupuleux pourroient dire que ſi la Cour eſt auſſi dangereuſe pour le ſalut, qu'on a dit, c'eſt donner occaſion à la damnation, c'eſt mettre dans le danger de leur ſalut, ceux qu'on y employe. Mais il eſt aiſé de démêler la foibleſſe de ce raiſonnement; car un des premiers devoirs d'un Prince, étant d'établir l'ordre, & bannir le ſcandale de ſa Cour, il ne donne aucunement occaſion au péché. Et ſi la corruption des hommes prend cette occaſion en tranſgreſſant ſes commandemens ; il n'eſt non plus cauſe du mal, que Dieu lui-même, dont la Providence a établi les Puiſſances, & par conſéquent leurs Cours, comme on vient de le dire.

On ne peut rien ajoûter ſur le devoir des Rois & des Princes que n'ait dit M. l'Eveque de Maux, dans ſon Livre de la Politique de l'Ecriture ſainte. Les Rois trouveront leur devoir dans cet excellent Ouvrage, pourvû qu'ils demandent à Dieu le diſcernement juſte dans l'intelligence de ces mêmes régles. Car l'eſprit de l'homme corrompu par la cupidité, peut aiſément trouver des détours ; & c'eſt ainſi que la lumiere même peut devenir ténébre : tout eſt de ſource dans le Livre que je viens de citer : malheur à celui, qui préférera les eaux dérobées, & les citernes, aux eaux vives & jailliſſantes de la vie éternelle.

# CHAPITRE XI.

## Sur la Maison des Princes.

CE sujet fournit matiere à des réfléxions aussi amples d'un côté, qu'elles sont stériles de l'autre ; car si le motif de la dignité & de la charité du Prince la doivent régler, on ne sauroit assez dire sur l'ordre, sur la police, la justice & l'exactitude, qu'on doit établir, maintenir, & faire exécuter.

Avant toutes choses il est nécessaire, que le Prince régle son propre tems s'il veut régler celui de sa maison, qu'il observe ce réglement avec exactitude, pour qu'elle en fasse de même ; car sans cette régle, il sera géné & gênera tout le monde, il sera mal servi, & il commettra des fautes contre la justice en châtiant ceux qui manqueront à leur devoir.

Si le Prince agit par motif de charité, en Pere, en Pasteur, & en Frere, il faut qu'il rende le service le
moins dur qu'il peut, à ses domestiques; car en agissant autrement, il
ne faut pas douter qu'il n'agisse par
cupidité. Il faut dis-je, qu'il rem-
plisse son devoir envers eux, en les
payant exactement, en les habil-
lant & logeant convenablement, s'il
veut être servi de même. Et s'il n'est
pas en état de remplir toute l'étendue de son devoir en ces trois points;
la charité demande de lui beaucoup
d'indulgence & de condescendance,
en ce qui concerne l'assiduité dans
le service qui seroit onéreux; car
Dieu même conduit les hommes à
lui par amour, ceux qui le représentent le doivent suivre dans cette
conduite; ainsi il peut se comporter
de façon à se faire aimer, en faisant
du bien à ceux qui le méritent; mais
il ne doit jamais dissimuler les déré-
glemens, ou les négligences vo-
lontaires, dans le dessein d'acquerir l'affection de ses domestiques,

par cette efpéce de complaifance.
Parce qu'il y a de la charité d'éxiger
d'eux qu'il faffent exactement leur
devoir, quand il n'a rien à fe repro-
cher fur ce qu'il leur doit.

Il eft moralement impoffible que
les Princes & les Maîtres qui ne
tiennent pas une régle dans le partage de leur fervice & dans le réglement de leur tems, ne deviennent coupables devant Dieu de plufieurs fautes, & qu'ils puiffent avoir
de bons domeftiques ; car ceux d'entr'eux, qui font véritablement
Chrétiens, & qui voudroient va-
quer à la priere & aux œuvres de
dévotion, pourront être continuellement troublés & interrompus, ne
fachant pas quand le Maître aura
befoin d'eux, il faut qu'il foit continuellement à portée de le fervir.
Comment ceux qui fouhaiteront fe
divertir honêtement avec leurs amis,
pourront-ils prendre leurs tems ?
Comment les officiers de bouche &
du gobelet pourront-ils bien fervir
s'ils ne favent pas l'heure du dîner ?

Mais au-deſſus de tout cela ; comment l'Aumônier peut-il convenablement ſe préparer à la Meſſe, s'il ignore l'heure ? Et comment peut-on ne pas impatienter & rebuter les domeſtiques de la meilleure volonté, ſi on les tient dans une crainte continuelle de manquer à leur devoir, ou de n'avoir pas un moment dont-ils puiſſent diſpoſer avec aſſurance de ne pas manquer.

Qu'on examine bien tout cela, on vera qu'on ſera bien ſouvent cauſe de leur impatience : & tels maîtres particuliers qui n'ont pas des égards pour leurs domeſtiques, ne trouveront jamais qu'ils le ſervent par attachement, mais par néceſſité ; & pour lors ces ſortes de valets, ſont d'ordinaire le rebut des autres.

Si les heures de Cour, c'eſt-à-dire celles du repas, de la Meſſe, & du Conſeil, & celles où le Prince paroît en public, ne ſont pas ſcrupuleuſement obſervées, quelquefois le caprice des Courtiſans rendra la Cour très-nombreuſe, & plus ſouvent il n'aura que très-peu de ſuite; car chacun aime ſes aiſes, qu'il peut régler & ſatisfaire ſans négliger ſes devoirs de Courtiſan, lorſque le Prince eſt arrangé. Cette contrainte pourroit quelquefois couter au Prince, & alors c'eſt une excellente occaſion de réfléchir qu'il ſe doit au public & non à lui même, qu'il a dis-je, à gouverner des freres en Jeſus-Chriſt, non des eſclaves.

Qu'il ſe faſſe donc violence par charité, pour ne pas contraindre les autres; & tels efforts ſeront plus agréables à Dieu, que pluſieurs actes de dévotion qui ne lui couteroient rien. Le Prince exerce la politeſſe quand il ne contraint pas les autres, & lorſqu'il n'exige d'un chacun que ce qu'il doit faire, ce n'eſt pas le Prince qui les contraint; mais la juſtice dûe à la vocation d'un chacun. Au lieu qu'en n'établiſſant pas un tems réglé pour l'exercice des fonctions; le Prince agit impoliment , parce qu'il les contraint.

C'eſt un point eſſentiel de la morale Chrétienne d'aimer ſa vocation,
car c'eſt aimer la volonté de Dieu ;
ainſi il eſt encore de la politeſſe charitable d'un Prince , de faire aimer
à ſes Courtiſans & à ſes Domeſtiques leurs vocations , ce qui ne ſauroit faire ſans l'arrangement dont
on parle. Chaque réfléxion ci-de-
vant marquée , en peut fournir d'autres qui peuvent perſuader la nécef-
ſité de cet arrangement ; mais il ne
ſerviroit de rien d'établir un ordre
ſans l'obſerver & le faire exécuter ;
tous ces établiſſemens nouveaux demandent des attentions dans leur
commencement ; car par des actions
réitérées on contracte une habitu-
de , & alors rien ne coûte plus à
l'homme : ainſi c'eſt un point eſſentiel de faire contracter cette habi-
tude aux Domeſtiques dans l'exercice de leurs charges ; & c'eſt en quoi
l'attention eſt néceſſaire.

C'eſt le ſeul moyen de paſſer le
tems ſans ennuis , & de jouir autant

R vj

qu'on peut de l'agrément de la vie ;
parce que tout ce qu'on fait dans
cet esprit, est ordonné & mesuré ;
& voilà par où toute la nature est
conservée. Le Prince ne doit pas
regarder dans le réglement de ses
heures, les commodités des particuliers, mais celles du commun ;
ainsi il faut en cela suivre la nature,
& non les inclinations particulieres.
Le jour est fait pour travailler, la
nuit pour reposer, & ceux qui ren-
versent cette disposition du Créateur, font certainement plus de
mal qu'ils ne pensent ; qu'on s'occupe bien le jour, on sera bien-ai-
se de reposer la nuit, & on ne se
servira pas des ténébres pour faire
de mauvaises œuvres.

Il est certain que si un Prince
veut agir selon ces maximes, il faut
qu'il change le systéme de toutes les
Cours des Princes parmi lesquelles
plusieurs peuvent être saints : mais
certainement les établissemens qu'on
voit ne tendent pas à la sanctification de leurs Courtisans & Domesti-

ques. On n'invite pas par ces réfléxions à l'inſtitution contraignante de certaines dévotions particulieres, de longues heures de prieres & de Sermons, qui pourroient aiſément faire des hypocrites. Car bien loin de-là, il faut qu'à la Cour le *Service* divin ne ſoit pas trop long, qu'il ſoit réglé, & exercé dans ſa ſainte ſimplicité. Puiſque ſi on eſt une fois perſuadé qu'on peut plaire au Prince par les actes extérieurs de la dévotion; ſa Cour ſera bien-tôt remplie des viſages alongés; & on ne verra dans ſa Chapelle que de remuemens de lévres, des Chapelets, des Livres, des génufléxions, proſternations, &c. mais le nombre des véritables Chrétiens & des Saints n'augmentera pas pour cela.

Un point eſſentiel eſt de déraciner en premier lieu le mal & les occaſions qui y conduiſent; c'eſt un abus de croire que les ordonnances & la rigueur ſeule, puiſſent faire cet effet, car les hommes ſe cacheront

& déguiferent de mille manieres, & ne déroberont aux gens du Prince que la connoiffance du mal ; en forte que ce mal ceffera de paroître, mais non pas de fubfifter.

Il faut auffi bannir les penfées qui repréfentent qu'on puiffent être exactement informé de tout ce qui fe paffe à la Cour ; car un Prince qui aime les rapporteurs, quelques fidéles & de bonne volonté qu'ils puiffent être, ouvre fes oreilles au menfonge, & il s'expofe à faire mille injuftices ; ce que l'homme voit de fes propres yeux même n'étant pas toujours exempt d'erreur & de méprife ; comment pourroit-il être exempt de ces fautes, en ce qu'il ne fait que par les yeux & rapports d'autrui ? Mais fuppofons qu'il puiffe connoître ce que les autres font, & qu'il puiffe les châtier tous ; établira-t-il par la crainte des châtimens temporels, l'efprit de la Religion, parmi les hommes déja faits, & ordinairement remplis des inclinations mondaines ? Non certes, mais il courera risque de se perdre lui-même, par des soupçons, des jugemens téméraires, & par des injustices qu'il commettra, par des préjugés dont il se remplira, dont l'indiscretion, l'influence, la crédulité seront la cause ; quand même leur malice & infidélité, ou leur propre prévention n'y auroient pas part.

On ne doit cependant pas conclure de ce qu'on vient de dire, que le Prince ne doive veiller & corriger autant qu'il peut le scandale public & les œuvres indignes d'un Chrétien ; sur-tout dans ceux qu'il auroit honorés des charges de sa Cour ; il doit même obliger ceux-ci à veiller sur leurs subalternes, pour qu'ils corrigent, & châtient ceux qui le méritent ; car le Prince est sans doute responsable s'il souffre les crimes publics, mais il ne peut juger personne sur les faits qui se passent sans témoins, il vaut mieux faire semblant d'ignorer ceux qu'on ne peut prouver devant la justice par des témoins suffisans, que de faire des éclats mal à propos, comme on dira plus amplement par la suite.

On peut conclure en attendant, de tout ce qu'on vient de repréfen-ter, que le meilleur moyen d'éloigner les hommes du mal, eft de les inftruire & de les occuper ; ainfi faifons des réfléxions fur ces deux articles, car l'autre partie du fujet qui concerne la Maifon d'un Prince, eft bien ftérile en tant qu'elle regarde l'ordre du fervice, le nombre & la repartition du Domeftique, puifque tout cela dépend du génie & de la façon de vie d'un Prince, auffi bien que du génie des mœurs & des coûtumes du peuple qu'il gouverne. Voilà d'où vient que l'étiquette & l'ordre des Cours varient, & qu'un Prince électif ne fauroit faire fans s'expofer aux plaintes & aux dégoûts de fes fujets, ce qu'un Prince héréditaire pourroit établir fans difficulté. Ainfi il feroit affez inutile de continuer ces réfléxions fur des fujets auffi variables.

# CHAPITRE XII.

### *Sur ce que le Prince doit en ce qui concerne l'instruction.*

JESUS-CHRIST comme on a dit, modéle des Princes, a instruit les hommes par ses exemples & par ses paroles : ainsi un Prince Chrétien ne se conformeroit pas au divin Original, s'il n'exécutoit son devoir en instruisant ainsi sa Cour & ses sujets. Il leur doit des instructions par l'exemple, d'une vie véritablement Chrétienne, dont nulle grandeur n'est exempte ; en sorte qu'il doit se méfier de tous ceux qui inventent des rélâchemens & permettent des sensualités à un Prince, qu'ils condamnent dans des praticuliers. Mais éloignons de ces réfléxions la politesse d'esprit, car rien ne doit préjudicier au devoir d'Etat ; & les Oraisons, Méditations, mortifica-

tions qu'un particulier pourroit entreprendre, pourroient devenir con-
damnables dans un Prince, si ces
pieux exercices l'empêchoient de va-
quer aux affaires civiles & politiques de son Etat, & d'autant plus
s'il affoiblissoit sa santé & la vigueur
de son corps; mais qui est-ce qui
voudroit conclure de-là qu'il puisse
mener une vie sensuelle, oiseuse,
ou remplie de frivoles relâchemens
d'esprit, tels que sont les chasses,
les jeux immondes, ou les spectacles
cles prophanes, bals & conversations de femmes, banquets & fes-
tins, ausquels le monde donne le
titre d'amusemens innocens ? Les
Ecclésiastiques & les Confesseurs
qui admettent de tels principes,
quelques austeres & irreprochables
qu'ils puissent paroître dans leur
extérieur, doivent être suspects; car
ils élargissent trop le chemin du
Ciel, & Jesus Christ ne nous a
donné, ni exemple, ni indulgence,
pour une telle conduite. La discretion est donc nécessaire en tout ce-

ci , car de tout ce qu'on a rapporté
il n'y a que la chasse modérée qu'un
Prince peut prendre un véritable
amusement innocent ; puisque dans
tous les autres, quand même il pourroit ne pas se souiller lui - même ,
étant rempli d'une vertu & sagesse
éminente , il ne sera jamais excusa-
ble devant Dieu de l'occasion du
mal qu'il autorisera par son exemple : car quand il ne joueroit qu'aux
liards, cela suffiroit pour autoriser
ainsi le jeu , & pour nourrir cette
passion dangereuse dans ses Courtisans , ainsi du reste.

Ce n'est que la fainéantise des
hommes qui a inventé le jeu des
cartes & des dés , l'avarice les a rendus plus communs , & la vanité de
l'homme les a tournés en passions ;
puisque les joueurs de passion ne se
picquent pas moins en jouant des
fueilles d'arbres, qu'en jouant l'or
& l'argent, parce qu'ils voudroient
être supérieurs aux autres , & ga-
gner par ce motif. Ils ne font fâ-
chés que par la raison de perdre ;

parce que par-là ils paroiſſent inférieurs aux autres.

Voyons jouer les enfans dans
l'âge même qu'on appelle innocent,
pour nous convaincre de cette vérité; ils ſe fâchent, ils ſe querellent, ils
s'envient l'adreſſe & le bonheur les
uns les autres, pouſſés par les reſſorts de la vaniré naturelle; & ces
mouvemens feront-ils excuſables
dans les adultes? Voilà pourquoi
tous les jeux d'exercice & du corps
même, la chaſſe y compriſe, ſont
dangereux par rapport à la paſſion,
par laquelle l'homme s'y attache,
& il ne cherche ainſi que le menſonge & la vanité.

Tout eſt péché en ce qui ſe fait
dans cette diſpoſition & par un tel
motif, puiſque l'homme agit par
amour propre, & pour ſoi-même,
& par la ſuggeſtion de ſa nature corrompue. Que le Prince éloigne donc
de lui autant qu'il eſt poſſible, ces
diſpoſitions, encore plus qu'un particulier; car rien ne doit être en
lui, pour lui, mais pour Dieu, &

pour ſes ſujets. D'où l'on conclura
aiſément qu'il eſt digne de lui , de ne
chercher que tels amuſemens & dé-
laſſemens d'eſprit qui puiſſent être
profitables à lui & à ceux-ci.

Voilà juſqu'où doit aller l'inſtruc-
tion qu'il doit à ſes ſujets par ſes actions, mais il les doit encore enſeigner
par les autres. Quand donc il aura
des attentions néceſſaires pour donner de bons Evêques à ſes peuples,
pour faire fleurir les Sciences dans
les Univerſités de ſon Royaume,
auſſi bien que les Arts & les Manufactures, mais ſur-tout l'agriculture ; c'eſt le Prince qui introduit ſes
peuples ; & lorſqu'il tient de bons
Prédicateurs à ſa Cour , lorſqu'il
donne des bons Maîtres à la jeuneſſe
qu'il fait inſtruire , il enſeigne ſa
Cour.

On croiroit que ce qu'on vient
de dire ſuffit, mais il ſeroit à ſouhaiter que cette charité allât encore
plus loin, car il devroit encore chaque jour inſtruire ſa propre famille
s'il en a, & ceux qui poſſédent les

grandes & les premieres charges de la Maison ; car tandis que ceux-ci ne seront unis avec lui en esprit, sa Maison ne sera pas bien instruite ni réglee. Il faut pour cela que ceux-ci se conforment au Prince, comme le Prince doit se conformer à Jesus-Christ. Il faut dis je, aussi que ceux-ci gouvernent leurs subalternes selon la volonté du Prince, en ce qui concerne le service, & voilà d'où vient la nécessité qu'ils soient chaque jour instruits de la volonté du Maître à qui ils doivent rendre compte de l'exactitude de leurs inférieurs.

Les Princes qui se tiennent enfermés dans leurs Cabinets sous prétexte des affaires d'Etat, s'amusant ordinairement oiseusement ou indignement ; car dès que l'ordre est médiocrement gardé dans les affaires du Gouvernement, ils trouveroient assez de tems pour le communiquer avec des personnes bien choisies, par des conversations bien réglées, ils pourroient même honorer du titre d'ami ceux qu'ils en trouveroient dignes parmi les personnes qu'ils auroient honorées des charges de leurs Cours ; mais ces conversations pour être utiles à tous ne devroient rouler que sur des matieres édifiantes & instructives, & ce n'est qu'en cet esprit qu'on devroit les instituer. Un bon Livre spirituel, ou chrétiennement politique, pourroit fournir la matiere aux discours, & ce seroit une occasion d'instruire & d'agir en frere, avec ceux qu'ils auroient honorés de leur compagnie. On pourroit pour cela destiner une chambre particuliere, de laquelle on baniroit toute gêne & respect dû par tout ailleurs à la présence du Prince ; mais on ne devroit pas pour cela s'écarter du respect dû à la présence de Jesus-Christ.

Cette conversation n'auroit rien de commun avec les Conseils, dans lesquels on traite les affaires d'Etat ; & pour ne les pas rendre inutiles ou frivoles, il faudroit en prendre le sujet dans un Livre. Les personnes de piété & savantes, bien choisies auroient leurs places dans ces conversations ; mais pour les rendre agréables en ôtant l'occasion d'ennui, il faudroit assujettir leur durée à une heure fixe.

# CHAPITRE XIII.

*Sur ce que le Prince doit en ce qui concerne l'occupation.*

ETRE toujours occupé c'est ce qui s'appelle n'être jamais oisif, être bien occupé, c'est de vivre en bon Chrétien. L'instruction par elle-même ne conduit qu'à former & éclairer l'esprit, ainsi pour le rendre profitable, il faut joindre l'instruction à l'occupation. Ce n'est pas donner du rélâche à l'esprit que de ne rien penser & de ne rien faire, mais de changer de pensées & d'occupations. Les instructions ainsi que les

les occupations qu'on donne aux hommes, doivent regarder la vie spirituelle & la vie temporelle. Les premieres font de devoir, & celles-ci font de choix, principalement dans les Princes; fi on confidére cependant avec attention les occupations de la vie civile, elles font de nouveaux partagées en celles de devoir & de plaifir, & c'est ce qu'on appelle des amufemens.

Les occupations du devoir d'un Prince, font très - effentielles, & indifpenfables, & elles ne le font pas moins pour tous les hommes : en forte que tout amufement, re-lâchement, enfin toute occupation eft défectueufe lorfqu'elle détache le Prince de fon devoir.

Il eft effentiel pour fon falut de s'occuper en premier lieu des de-voirs attachés à fon Etat. Autrefois les Rois donnoient des Audiences dans des endroits publics : le Divan des Turcs, eft encore une image de cette forme d'adminiftration de juf-tice. Les parties s'affignent de paroître, les approches du Palais font garnies d'Ecrivains ; chacun fait écrire fon Factum. Deux commis dans le Divan, les lifent l'un après l'autre, & le Vifir en préfence de l'Empereur, les renvoie à leur Inf-tance, où il décide la Caufe, & fou-vent il fait d'abord exécuter fa Sen-tence. Ainfi n'entend-t-on pas par-ler de ces longs Procès, qui dam-nent tant d'ames & ruinent tant de familles, dans la Chrétienté ?

En confidérant ainfi cette forme de Gouvernement, plufieurs peu-vent être tentés de croire, que cet-te forte de maniere d'adminiftrer, n'a été établie dans la Chrétienté que par la fainéantife des Princes, qui ont d'abord mis des Confeillers à leur place pour s'exempter de cette occupation, & enfuite ils ont exigé des Tribunaux, dans lefquels fe commettent plufieurs injuftices. Mais pourquoi ne faut-il pas remonter à la fource ? Ne peut-on pas voir avec une médiocre lumiere, qu'en Orient tout eft efclave, que la Nobleffe eft

Inconnue, les familles confondues, & que la propriété des terres n'appartient pas aux particuliers, mais aux Souverains.

Lorfque les Barbares innondérent l'Europe, leur ufage n'étoit pas différend. Mais quand les peuples fe font fixés, quand on a commencé de partager les terres, quand enfin les familles ont été perpétuée, & les titres attachés à la poffeffion de ces mêmes terres, quand tout cela a effacé la mémoire des anciens ufages, ces fortes de jugemens ne pouvoient plus fubfifter.

La lecture d'un fimple Factum, pouvoit-elle mettre les Princes en état de prononcer la Sentence dans des Caufes qui regardoient la fucceffion des fiécles, &c? Non non, ce n'eft pas la fainéantife des Princes qui a introduit les Tribunaux, mais la Providence qui a fuggéré en premier lieu aux peuples, des ufages conformes à la juftice, & enfuite de raffembler ces mêmes ufages, & les affermir par un confen-

tement libre, pour mettre les Princes en état de prononcer des Sentences uniformes dans des Causes qui
y auroient du rapport ; mais la lon-
gueur du tems & la corruption des
hommes ayant rendu le même Procès plus obscur & plus embrouillé ;
la justice des Princes a exigé l'Election de tels Tribunaux qui ne fussent occupés que de ce détail , auquel les Princes ne suffisoient plus.

On a déja dit qu'un Prince doit
chaque jour rendre à Dieu ce qu'il
lui doit en qualité de sa créature &
de Chrétien, par les prieres, méditations & lectures spirituelles, afin
qu'il ne néglige pas ce qu'il doit à
Dieu en qualité de son Lieutenant
sur la terre. D'où naît l'obligation
d'aller au Service divin , & d'y paroître en esprit & intention de conduire tout son peuple à l'Audience
du Roi des Rois.

En entrant dans l'Eglise , il doit
reconnoître son néant, & résigner
pour ainsi dire , sa charge & sa dignité en la présence de son Souve-

rain Maître ; toujours attentif, que tout s'y paſſe dignement & que tout ſoit rapporté directement à Dieu dans les Egliſes, & non pas à lui. En ſorte que pour faire cette reconnoiſſance par un acte public qui fit impreſſion dans l'eſprit du peuple, il ſeroit fort édifiant qu'il deſcendît de ſon Trône au tems de l'élevation, & qu'il demeurât proſterné dans une attitude d'une adoration porfonde, juſqu'à la conſommation du Saint Sacrement. Offrant ainſi ſon peuple & ſa propre perſonne pour lui en Sacrifice, par des actes d'humiliation, d'anéantiſſement, & de réſignation à la volonté de Dieu, demandant l'eſprit de ſageſſe & de conſeil, & conſacrant à Dieu tous les momens de ſa vie.

C'eſt avec une telle préparation qu'il devroit entrer immédiatement après la Meſſe au Conſeil, qui eſt ſans doute la premiere occupation de ſon devoir, avec tous les Réglemens & Dépêches, qui concernent le dehors & le dedans de ſon Etat, mais il ne suffit pas pour le bien de l'Etat que le Prince s'occupe ; le bien public demande que ses occupations en cela soient communes avec ses sujets & ses Ministres, c'est-à-dire, il faut qu'il procure autant qu'il peut que chacun soit occupé à son tour à faire son devoir.

Cette réflexion est trop étendue pour la renfermer dans un seul Chapitre, & lorsqu'on voudroit la détailler, il faudroit différemment parler des Gouvernemens des Etats héréditaires, & de ceux qui sont libres : car l'autorité des Princes est plus limitée dans ceux-ci, & est plus étendue dans les autres. Ainsi il faut toujours avoir le même but, mais il faut nécessairement diversifier la maniere d'agir : car ce qui est bon en soi-même, peut devenir mauvais si on n'observe pas les formalités prescrites par les loix.

Si chacun s'occupoit, la Religion fleuriroit dans sa sainte simplicité ; mais pour parvenir à ce point, il faut que le Clergé d'un Etat soit bien réglé,& les Canons des Conciles uniformement obſervés. Car ſans ces deux points eſſentiels on pourra bien rendre le peuple dévot en apparence, mais il ſera fort bigot & ſuperſtitieux dans ſa dévotion; car il babillera , ſans qu'il connoiſſe & ſans qu'il pratique ſon devoir.

Après la Religion , il faut que l'agriculture fleuriſſe dans un Etat, enſuite le commerce qui ne ſauroit s'établir ſans les Arts & les Manufactures , voilà les occupations du peuple.

La Nobleſſe devroit s'occuper de l'Art militaire & des Sciences ; & c'eſt en quoi le Prince devroit ſe diſtinguer avec ſa Cour pour donner l'exemple. L'exercice de la jeuneſſe conſiſte aujourd'hui à monter à cheval , à faire des armes, à danſer , à jouer à la paume, voilà ce qui concerne le corps : les Mathématiques, & l'Hiſtoire concernant l'eſprit. Tout cela eſt louable, mais combien y en a-t-il qui s'occupent

de tous ces exercices pendant le
cours de l'âge viril ? Voyons d'où
cela vient, sinon de ce que hors la
danse les autres exercices ne sont
plus connus ? Car le jeu de cartes,
les bals, & par conséquent la molesse, remplissent le tems des personnes de distinction & les mettent dans
le danger continuel du salut.

Ces exercices & sciences sont en
effet des excellentes occupations
pour la jeunesse, mais on devroit
les continuer & les exercer dans une
âge plus avancé, & c'est en quoi les
Princes sont coupables quand ils
n'en donnent pas l'exemple.

On trouveroit dans ces occupations des dégrés qui conviennent à
tout âge, & on pourroit en faire des
spectacles qui animeroient & en-
courageroient les hommes ; ils re-
nouvelleroient la noble envie d'apprendre & d'exceller, pour pouvoir
se rendre utiles à l'Etat.

Il y a des Royaumes où il y a
des Accadémies de Sciences, dans
lesquelles on fait des expériences &

Obſervations très-utiles au public.
Quel avantage ne tireroit-on pas ſi
au lieu d'Opéra & de Comédies,
on tenoit des aſſemblées publiques,
dans leſquelles on feroit de ſçavan-
tes diſſertations, on produiroit des
expériences & des démonſtations.

Il pourroit y avoir des heures
dans la ſemaine pour la chaſſe, pour
le manege, pour voir l'exercice de
la jeune Nobleſſe avec des appareils
propres & bien arrangés, pour faire un ſpectacle noble, dans lequel
la dignité regneroit plus que le faſte & la magnificence.

On pourroit avoir de grandes
Salles où l'on tiendroit, comme on
a dit, des différentes Aſſemblées;
dans leſquelles on enſeigneroit l'Art
de la guerre par des deſſeins, modéles de places, des attaques, des
machines, des mouvemens de troupes, &c. On feroit des diſcours ſa-
vans ſur les événemens paſſés. N'y
auroit-il pas enfin mille & mille
moyens de rendre tout ce qu'on
rapporte, auſſi amuſant qu'utile ?

La moitié du jour étant remplie par les prieres particulieres, par le Service public de Dieu, & par le Conseil: l'autre moitié passeroit aisément dans ces occupations, qui détourneroient insensiblement les esprits de ces conversations continuelles avec les femmes, & les jeux qui sont si dangereux à la jeunesse, & si funestes dans l'âge avancé. On n'oseroit pas dire que les Reines & les Princesses devroient en cela agir de concert avec les Rois leurs maris, pour donner des occupations convenables aux Dames, parmi lesquelles le ménage devroit être la plus essentielle.

On pourroit rendre les ménageries propres & agréables pour elles ; bâtir des maisons de campagne, établir des salles de manufactures de rubans, des étoffes, des tapisseries, & de toutes sortes de tisseranderies. Le tout très-dignement pour occuper les Reines même, quand on ne feroit tout cela que pour donner du goût au sexe, pour ces fortes d'occupations, à la vérité plus amufantes que profitables, mais très utiles, en ce qu'on détourneroit les femmes de cette vie oifeufe & molle, par laquelle elles corrompent de plus en plus les hommes, en les efféminant. Les jours de Fêtes ces falles retentiroient de concerts de Mufique publique, de Motés & Cantates, faits à l'honneur de Dieu, & de la Fête. Combien d'Hiftoires tendres & touchantes, ne trouve-t-on pas dans l'Ecriture & la Vie des Saints ? Qui feroient édifiantes & tourneroient la tendreffe que la Mufique excite, vers des objets qui en feroient dignes, & s'éloigneroient des fujets auffi profanes qu'ils font fouvent criminels. Mais penfons de tout cela en gémiffant intérieurement, de ce que nos yeux ne verront jamais de pareilles Cours & établiffemens ; car nous approchons la fin des fiécles. Ainfi la foi fe réfroidira de plus en plus, la charité s'affoiblira, & c'eft ainfi que tout fe difpofe au triom-

phe de l'ante-chrift & à fon regne;
car la vanité, la fenfualité, la pa-
reffe, & l'oifiveté, l'ambition, l'orgueil & l'envie, regnent par-tout.

Ces réfléxions font feches & ari-
des, pleines de fpéculations, d'obf-
curités, de contradictions, & de
chiméres, diront les hommes qui fe
difent cependant Chrétiens; parce
que la bienféance, la modeftie &
la pudeur commencent à s'éteindre
dans les Cours & dans les Etats,
où elles fleuriffoient; & l'étourde-
rie, la hardiffe, l'effronterie, regnent parmi la jeuneffe, & qu'on
commence à fe faire gloire des crimes les plus énormes & les plus
impudens. Quel reméde à tout cela, fi Dieu par fa miféricorde infinie n'y met ordre?

Les inftructions que les Princes
donnent, foit par les Pafteurs qu'ils
ne choififfent pas avec affez d'attention, foit par leurs exemples, ne
font pas conformes à la morale de
leur divin Original. Leurs occupations ne font pas réglées par leurs

devoirs. Dira-t-on que le monde a été toujours tel , & qu'il fera de même , & que cependant il fub-fifte & fubfiftera tel jufqu'à la confommation des fiécles ? Hélas, qui pourroit contredire cette vérité. Puifque le Fils de Dieu nous enfeigne que l'efprit du monde eft contraire à l'Efprit de fon Pere, puifqu'il exige que nous renonçons pour lui au Baptême, & que nous nous détachons des fes voies.

Tout ce que nous voyons coule de la fource du péché & de la corruption de la nature , mais de-là ne fuit pas que tous les hommes & fur-tout les Princes Chrétiens fe doivent abandonner aux maximes déréglées pour être envéloppés dans la Sentence, que le même Fils de Dieu , a prononcée contre les enfans du fiécle.

# CHAPITRE XIV.

### Sur le Confesseur d'un Prince.

ON prétend qu'il n'y a point de Saint qui n'ait refusé d'être Confesseur d'un grand Prince, ni de Confesseurs de Prince que l'Eglise ait mis dans le Catalogue des Saints. Mais on concluroit mal si on croyoit pour cela tous ces Confesseurs damnés, ou qu'on voulût dire que cet emploi fût contraire à la sanctification. Si cependant cette réflexion est fondée sur la vérité, on peut bien conclure que Dieu n'a pas voulu manifester la Sainteté de ceux qu'il a sauvés, ni permettre que ceux dont il a fait éclater la Sainteté, acceptassent ce poste, pour marquer les dangers ausquels les Confesseurs des Princes sont exposés, ou pour mieux dire, pour ne pas donner lieu d'é-

riger un ordre particulier des Confesseurs des Princes, dans la Hierarchie de l'Eglise.

On sait assez que l'homme qui
veut se conduire par ses propres
lumieres , est malheureux , il est
certain que la vie spirituelle doit
avoir ses guides ; qu'on les doit demander à Dieu , & les choisir avec
bien de la circonspection. Mais de
tout cela on ne conclura pas qu'il
soit conforme à l'institution de Dieu
ou de l'Eglise, que les Princes s'é-
rigent des Confesseurs en titre d'of-
fice, hors ceux que la vocation de
Dieu leur donne ; & qui sont ceux-
ci , sinon les Evêques ou leurs Pafteurs spirituels ? Ainsi il n'a qu'à
choisir de bons Pasteurs dans l'esprit qu'il doit faire.

Il faut avouer que la réfléxion
est hardie & qu'elle peut même paroître téméraire ; mais il faut tout
dire : on est porté de croire que si
les Chrétiens ne se choisissent pas
des Confesseurs hors ceux de leurs
Pasteurs & Pénitenciers établis par

l'inſtitution de l'Egliſe, ils ſeroient beaucoup mieux conduits.

On ſait aſſez l'inſtitution de l'Egliſe, ſur ce qui regarde l'approbation des Confeſſeurs ; on ne prétend pas la reformer ou la critiquer : mais en conſidérant ſon eſprit auſſi bien que l'inſtitution des Ordres, comme on dit, réguliers ; on voit clairement que la conduite des ames n'appartient nullement à ceux-ci, ſinon dans les lieux où les Curés & les Eccléſiaſtiques attachés aux Egliſes, ne ſuffiſent pas.

Chaque Confeſſeur n'eſt pas Paſteur d'inſtitution divine, par ſa vocation, comme ſont les Curés & les Evêques. Mais la fonction des Confeſſeurs eſt une partie du Paſtorat qu'on leur communique, en vertu de la permiſſion qu'on leur donne de confeſſer les Fidéles. Les Moines, dans l'eſprit de leurs Inſtitutions, ne ſont que des perſonnes rétirées de toute autre fonction, pour ſe ſanctifier par les œuvres de péniſence ; & ceux qui ſont inſtitués pour Prêcher & travailler à la conversion, soit des Infidéles, soit des pécheurs, ne font pas pour cela des Pasteurs, mais ils font la fonction des chiens du Seigneur, en faisant entrer dans l'ouaille les brebis égarées. Ainsi ils excedent leur vocation, ils s'ingérent dans celle des autres, quand ils se chargent sans nécessité des directions des ames; car après tant de Priviléges & de Bulles, après de certaines considérations, & le rang qu'ils ont obtenus dans l'Eglise, aussi bien que les Chaires dans les Universités. Qui pourroit leur refuser l'approbation qu'ils demandent pour la Confession, quand il y auroit assez d'Ecclésiastiques pour administrer les Sacremens ? Les choses font parvenues à un point que cela ne se peut plus avec bienséance, & sans s'attirer des affaires & des troubles.

Les ames pleines de zéle pour la Maison de Dieu, peuvent souhaiter & demander à Dieu des remédes contre les maux qui affligent l'Eglife, par les brêches qu'on a faites dans fa difcipline : mais il n'eft pas permis d'agir en réformateur ; ainfi on a eu deffein de faire la ré-fléxion, que rien n'eft plus falutaire que de fe foumettre & fe laiffer conduire par les Pafteurs inftitués par Jefus-Chrift & par fon Eglife. Mais pour revenir au fujet, on a dit qu'un Prince choififfe bien un Evê-que, il choifira un bon Confeffeur ; la propofition ne peut être douteu-fe, mais il faut faire des réfléxions fur la maniere de choifir un bon Evêque.

On ne peut fans horreur confi-dérer de quel compte fe chargent les Princes, qui ont obtenu le pouvoir de nommer aux Bénéfices à charge d'ames ; ils l'exercent prefque tou-jours fans attention. On ne penfe plus au premier Concile de Jérufa-lem, & à la conduite du Prince des Apôtres en cette occafion ; on ne s'informe plus de la difcipline de toutes les Eglifes pendant plufieurs

fiécles, dans lesquels le Clergé &
le peuple choisissent leurs Pasteurs
dans les dispositions convenables.

Comment peut-on ne pas penser que les Princes feroient infiniment mieux pour leur salut, si sans
se rélâcher des droits qu'ils prétendent, ils consultoient le peuple &
le Clergé sur le choix de leurs Pasteurs, & que cette candidation se
fit de la maniere des anciennes Elec-
tions : car un tel Evêque, à l'Election duquel on procéderoit par le
jeûne & par les prieres, dans une
liberté entiere du peuple & du Clergé, auroit une part plus directe dans
la vocation de Dieu, que n'ont ces
Abbés Courtisans nommés sur la re-
commandation des Confesseurs, ou
par la faveur, bonne opinion, ou
caprices des Princes.

Le caractere des Confesseurs des
Princes ne pourroit pas convenir
à ceux-ci, & celui du Pastorat vient
plus souvent par la permission de
Dieu, que par sa miséricorde.

Quand on lit dans un Livre de

piété, les qualités requises dans un
bon Directeur, on ne peut pas s'abstenir de dire aussi-tôt ; qui est tel &
nous le louerons : mais quand même on trouveroit ce trésor, dont
on prescrit la recherche ; une simple
piété ne suffit certainement pas pour
conduire un Prince ; c'est pour cela que les Saints ne se sont jamais
chargés de cet emploi, car leur humilité ne leur permettoit pas de croire qu'ils eussent assez de lumiere
pour en remplir les fonctions. Cependant on a vû de nos jours des
Princes qui se sont abandonnés de
bonne foi à la conduite de leurs
Confesseurs, ils faisoient souvent
des maux, ausquels ils ne pensoient
pas : mais quand même les Confesseurs se fussent chargés du mal qu'ils
ont fait par leurs Conseils ; qui est-
ce qui pourroit décider que ces
Princes ayent été innocens devant
Dieu, puisque Dieu leur a donné la
puissance pour conduire, & non
pas pour être conduits aveuglé-
ment ?

Nous ne lisons pas que Dieu ait promis l'infaillibilité aux Confesseurs des Princes, ils sont des hommes, ils peuvent s'aveugler, & conduisant les Princes aveugles, tomber comme eux.

Qu'on fasse encore ici une réflexion, sur les inconvéniens qu'un Prince peut encourir par cette confidence sans bornes en son Confesseur, lequel étant homme, comme on a dit, peut avoir un zéle indiscret, il peut concevoir des préjugés; enfin il peut être trompé par les rapports des autres, en qui il a de la confiance.

Combien de Saints ne voyons nous pas dans l'Histoire de l'Eglise, persécutés par les hypocrites & faux dévots, qui ont gagné la bonne opinion des Princes, & des saints Prélats même Tel Confesseur ayant une fois gagné l'oreille de son Prince, poussé par son zéle mal réglé, fera des rapports continuels, par lesquels trompé lui même le premier, il noircira souvent les inno-

cens, & il blanchira les coupables.
Il élevera les indignes, & il abaisse-
ra les personnes d'un mérite distingué. Il employera des heures à comp-
ter des petitesses des moindres valets de la Cour ; car c'est une propriété du zéle indiscret, de ne se
pas imposer des bornes.

Quand les Courtisans s'apperçoivent d'une telle conduite, par combien de ressorts ne jouent-ils pas ce
Confesseur ? La bigoterie & l'hypocrisie deviennent à la mode, & par
conséquent la calomnie, la médisance, prennent le masque de la
vérité du zéle, & on tremble lorsqu'on pense jusqu'où tout cela peut
aller. Mais on dit communément,
que les Princes ne sont pas obligés
d'être Théologiens, & cela étant ;
à qui peuvent-ils se mieux fier qu'à
un Confesseur bien éclairé, comme sont ordinairement ceux qu'on
met dans cet emploi ?

C'est un raisonnement qui ne
manque pas de lueur, à moins
qu'on ne démêle la science avec

l'Eprit de Dieu. Un Confeſſeur peut être ſavant, mais s'il ne conſeille que ſelon ſa ſcience, & non ſelon l'Eſprit de Dieu, elle ne lui ſervira qu'à ſa condamnation ; & ſon Pénitent court riſque de ne pas mieux profiter de ſa ſcience, que ſon Conſeſſeur même.

Ce n'eſt pas ſans un deſſein particulier que Dieu a révélé par l'expérience & les Ecrits d'une grande Sainte des derniers ſiécles, les grands dangers qu'on peut encourir par ces ſortes de Conſeſſeurs.

# CHAPITRE XV.

### Sur le Conseil de conscience.

JESUS-CHRIST Dieu & Homme, Modéle & Chef de tous les Princes, a bien voulu paroître chargé de toutes les foiblesses humaines, hors le péché ; Ainsi cette seule réfléxion devroit suffire pour convaincre un Prince, que sa grandeur ne l'exempte pas des mêmes foiblesses, & que sa corruption le charge de péchés infinis, dont une partie peut être volontaire & l'autre involontaire : mais outre tous ceux-ci il ne doit pas croire d'être exempt de quantité d'autres, qui lui sont inconnus.

Outre les péchés d'autrui, qu'il peut s'attirer par de mauvaises instructions, par des mauvais exemples, & par le scandale qu'il donne à ses sujets, à ses Courtisans ou à

ses

fes domestiques , à mesure qu’ils font plus ou moins publics.

Voilà un abîme ténébreux fur lequel il doit fouvent jetter les yeux , pour s’humilier & pour recourir avec d’autant plus de ferveur à Dieu, qu’il reconnoîtra fa mifére , fon néant & fon impuiffance , de fe foutenir feul, bien loin de fe fauver fans la grace & le fecours de Dieu. Ainfi il n’y a pas un aveuglement plus grand que celui d’un Prince , qui croit pouvoir conduire & diriger fa propre confcience ; en forte que les mêmes réfléxions qu’on a faites fur le danger de choifir un feul Guide , peuvent perfuader qu’il eft néceffaire d’en avoir plufieurs.

Les plus faints hommes qui ont refufé l’emploi de Confeffeur , n’ont jamais refufé des confeils charitables ; car ç’auroit été une conduite oppofée à la fainteté de le faire ?

La véritable humilité peut empêcher de parler dans un Confeffeur , mais elle ne fera pas difficulté de dire ſes avis dans un Conſeil ; elle doit ſe faire un plaiſir de ſoumettre aux autres ſes penſées, & c'eſt le véritable caractere de la ſimplicité de répondre lorſqu'on eſt interrogé. Les difficultés qui ſe rencontrent dans le choix d'un Directeur, ſont annulées dans celui de Conſeiller, & les matieres même peuvent être traitées avec plus de liberté dans un Conſeil, qu'elles ne ſauroient être dans un Confeſſionnal. Et certainement une affaire décidée par les ſentimens unanimes, ou preſque unanimes de pluſieurs perſonnes de piété & de ſavoir, porteroit en ſoi un caractere de la vérité & de l'eſprit de Dieu, que les ſentimens d'un ſeul Confeſſeur ne ſauroient avoir.

Le Paſteur qui ſeroit en même tems Confeſſeur d'un Prince, pourroit être le Chef de ce Conſeil, & les Conſeillers devroient être les Aumôniers choiſis parmi les Eccléſiaſtiques de mœurs irréprochables, d'une ſcience profonde, & d'un âge avancé. Mais quand il y auroit des Evêques de ces qualités, il ne faudroit pas les choisir, pour ne pas les détourner du foin de leurs Diocèses, puisque les Conseillers devroient être inséparables de la Cour, & ne se mêler que des affaires de leurs reſſorts.

Ils pourroient être quatre, honorés du titre de premiers Aumôniers, & ils auroient la direction de la Chapelle, par quartier, ayant des Aumôniers & Chapelains subordonnés.

L'un d'eux veilleroit sur les domeſtiques du département du Grand-Maître; l'autre ſur ceux du Grand-Ecuyer, & le troiſiéme, ſur ceux du Grand-Chambellan, en ce qui concerne le ſpirituel, & tenant autant de fois qu'ils jugeroient convenable, des Conférences & exhortations ſpirituelles à ceux, qui viendroient les écouter, ſans contraindre perſonne, & lorſqu'ils apprendroient quelque fait ſcandaleux, ils avertiroient premierement les Offi-

ciers Supérieurs ; en second lieu
les Grands, & si on n'y remédioit
pas autant qu'on peut, ils porte-
roient le fait devant le Conseil,
dans lequel tout y devroit passer
sous le Sceau de la Confession.

Si un Prince considéroit bien l'esprit de cette institution, quoique ce
ne soit qu'un Conseil, il ne devroit
jamais y paroître que dans une humilité & desir d'écouter la parole
de Dieu par la bouche de ses Conseillers, dans le sein desquels il devroit répandre avec simplicité, son
trouble, ses craintes, ses doutes,
& ceux-ci devroient avoir la liberté de lui faire des remontrances, &
lui demander des éclaircissemens
sur des faits dont ils entendroient
parler en public, afin que le Prince connoissant la vérité pût réparer
les maux qu'il auroit commis par
inadvertance, précipitation, légéreté ou foiblesse ; mais avant d'en
venir jusqu'à ce point les Conseillers devroient digérer la matiere entr'eux dans des Conseils particuliers,

qu'ils tiendroient chaque femaine, deux fois en préfence du Préfident; & fi quelqu'un avoit entendu dire la moindre chofe de la conduite du Prince, qui fut mauvaife, il devroit le rapporter, afin que les autres Confeillers informés du fait, euffent le tems d'y penfer, & de rapporter ce qu'ils auroient pû favoir fur le fondement du bruit répandu.

Si un tel bruit n'étoit produit que par des bruits fans fondement, & que la Cour en formât fouvent, il ne vaudroit pas la peine de le produire devant le Prince, au lieu que fi ce même bruit étoit fondé, le Préfident, Pafteur & Confeffeur, auroit la liberté de le repréfenter au Prince, en plein Confeil.

C'eft ici qu'on rapporteroit l'Election que les Chapitres conjointement avec le peuple feroient lorfqu'il s'agiroit d'ordonner un Evêque, dont on examineroit le procédé en cas de conteftation; & que le Prince confirmeroit, en prenant avis de fon Confeil.　　T iij

Le Préfident apporteroit la Lifte des Bénéfices, qui ne font pas à charges d'ames, & le Prince après avoir demandé l'avis de fes Confeillers, fur les perfonnes, aufquelles il pourroit avoir deflein de les conférer, la rempliroit de leurs noms.

Comment pourroit-on en faire détailler tous les fujets, fur lefquels le Prince pourroit parler, & conférer avec les plus fidéles & les plus finceres de fes amis. Car dès que ce feroit des perfonnes entierement confacrées à Dieu, elles ne pourroient être que très-unies entr'elles, & attachées au Prince par principe de Religion, & par les liens de la charité.

Le Prince fentiroit bien-tôt les effets d'un tel établiffement s'il étoit docile à la voix de Dieu, & le peuple gouverné par des bons Pafteurs, jouiroit des bénédictions de Dieu. Mais l'orfqu'on penfe combien la cupidité & l'orgueil s'oppofent à de telles maximes; on doit convenir, que ce ne peut être qu'un rayon de grace, capable de changer les maximes que nous voyons établies dans les Cours des Princes Chrétiens.

## CHAPITRE XVI.

### Sur les Conseils & Conseillers des Princes.

LE nombre des Auteurs tant Spirituels que Profanes, qui traitent cette matiere, est grand; ainsi un Prince Chrétien, peut & doit savoir quelles qualités sont requises dans un bon Conseiller. Mais il n'y a que les spéculatifs qui s'imaginent que tels hommes soient assez communs dans les plus grands Royaumes mêmes, pour remplir le nombre des Conseillers, sur-tout dans les Etats où leur nombre est fixe par les loix.

Il est fort facile de dire qu'on ne sauroit être bon Conseiller sans être bon Chrétien, & il ne seroit pas plus difficile de prouver la vérité de cette proposition ; mais ceux qui décideroient, qu'il faut, que tous les Conseillers soient tels ; produiroient une idée convenable à l'Esprit de Dieu , mais impraticable dans l'exécution. Car le nombre des appellés est grand , & celui des élus est petit.

La seule qualité de bon Chrétien, ne suffit pas pour un Conseiller, ce n'est qu'une qualité qui ne tient pas lieu des autres , que l'on peut avoir sans elle. La Providence qui gouverne les Etats par ceux-ci , comme ses Lieutenants, met entre les mains d'un Prince , quantité de ressorts & d'instrumens , par l'arrangement & l'usage desquels il doit régler les mouvemens de la machine du Gouvernement. Il faut qu'il les emploie selon leur portée ; car c'est ainsi que la Providence met au profit de ses justes desseins, les plus méchans des hommes.

Les dangers qu'un Prince peut encourir dans le choix de ses Conseillers, consistent encore plus dans la méconnoissance que dans les fautes personnelles des Conseillers. Car si Dieu lui donne l'esprit de discernement, il pourra tirer du profit de tous ses sujets. Ainsi les premieres maximes devroient être de ne jamais choisir un Conseiller sans l'invocation particuliere de l'Esprit de Dieu, & sans connoître autant qu'on peut les bonnes & les mauvaises qualités, de celui qu'on chosit.

Il faut des Conseillers Savans dans les Histoires, dans l'Art militaire, dans ce qui concerne les Finances, & en ce qui regarde les loix & la justice. Les personnes dans lesquelles toutes ces qualités se trouvent sont très-rares ; ainsi pourvû qu'un Seigneur soit de bonnes mœurs, affectionné au Prince & secret, avec quelqu'une des susdites connoissances, il peut être un bon Conseiller.

Les Livres sacrés & profanes, sont pleins de Sentences qui decident que les Conseils & les Conseillers sont nécessaires aux Princes ; mais où en est-on lorsqu'on réfléchit sur les différences qui se rencontrent dans l'esprit humain, sur sa capacité de recevoir les Conseils, de les dicerner, & de les choisir ?

Rien n'est plus certain, qu'un esprit médiocre se brouille aisément dans la diversité des opinions, & qu'un esprit foible est toujours de l'avis de celui, qui parle le dernier. Le premier balance toujours entre le pour & le contre sans savoir prendre son parti ; & le second se détermine quasi par hazard, parce qu'il est incapable de retenir les raisonnemens, qui lui échapent à mesure qu'il les écoute.

On trouve des esprit vifs dont la premiere pensée est la meilleure ; mais ils s'affoiblissent quand ils pensent plus long-tems. Il est aussi certain que ni les Princes ni les Conseillers ne sont pas exempts de ces fautes, & par conséquent il est év-dent, qu'il peut y avoir des Princes, qui pourroient se brouiller par la diversité des opinions, comme il peut y en avoir d'un esprit vif, qui gouverneroient mieux sans Conseil.

Que l'on considére encore une fois ces différences dans les Princes, & les caracteres qui se rencontrent presque toujours dans les Conseillers; on verra des Conseils, dans lesquels l'émulation des Conseillers regne; ils cherchent toujours à se contredire, le tems s'emploie en discours & en opinions contraires, sans pouvoir se déterminer.

Il y a des Conseils dans lesquels l'esprit supérieur de l'un impose aux autres par des beaux discours, qui manquent de solidité; mais en les entraînant ils se remettent à lui, & ils se rangent de son côté. Enfin il y a des Conseils & sur-tout dans les Etats libres, où les Conseillers affectant l'estime & la considération du public, étudient à donner des Conseils préparés à tout événement,

Pour pouvoir s'attribuer leurs bonnes réuffites, & rejetter fur les Princes les mauvaifes. Les autres confentent aux propofitions des Princes par un filence refpectueux dans les Confeils & ils les contredifent devant le public.

On pourroit dire peut-être que ces inconvéniens, ne font que les fuites d'un mauvais choix des Princes ; puifque tels Confeillers font préfomptueux, doubles, infidéles & fans attachement au bien public.

Tout cela eft vrai, mais les Princes fouvent ne font pas les Maîtres d'exclure de leurs Confeils tels Grands & Seigneurs de leurs Etats, qui affectent & prétendent cette charge par leur naiffance ; ils troubleroient la tranquilité publique fi on leur en préfentoit des autres. Tels Confeillers embarraffent les Princes ; leur Confeil leur eft fouvent à charge, car il eft auffi difficile de les fuivre, qu'il eft dangereux de les méprifer toujours.

Ce font les réfléxions qui peu-

vent faire voir, que la plûpart des
régles, dont les Savans politiques
rempliffent leurs Livres fur les qualités des Confeillers, que les Princes doivent rechercher dans leurs
fujets pour en faire un bon choix,
font remplis de fpéculations. Les
uns cherchent leurs modéles dans
l'Aréopage des Atheniens, les autres propofent des Saints; mais pas
un ne révéle le fecret de refondre
les hommes, de pénétrer les replis
de leur cœur, & d'examiner leur
efprit; car tout le monde fait que
Dieu s'eft refervé cette connoiffance.

On pourroit dire que les Princes
doivent écouter tous ces Confeillers & prendre leur parti, qu'il eft
de leur fageffe, de leur modéra-
tion, & de leur politeffe de demander leurs avis, d'approfondir
autant qu'ils peuvent leur génie, &
en un mot de choifir les bons & de
rejetter les mauvais. On dit enfuite que les Princes doivent prendre
beaucoup fur eux, qu'il faut qu'ils

s'accoûtument à décider ; mais tou-tes ces belles régles aufquelles on ne peut rien oppofer; donnent-el-les ces fupériorités de génie, cette élevation d'efprit, & cette juftelle de difcernement aux Princes ? Non certes, car bien loin de-là ces fa-vans principes même qu'on leur preferit, les doivent convaincre de leur infuffifance & de leur impuif-fance à les fuivre, & à les appli-quer fans les lumieres qui viennent du Pere des lumieres. Qu'on médite encore une fois ces réfléxions, on découvrira aifément, que la feule prudence humaine, eft un appui trop foible pour un Prince Chré-tien, qui ne doit pas chercher à fai-re fa volonté, mais celle de fon Maître.

C'eft la Providence qui le met dans les conjonctures qui l'obligent de chofir des Confeillers contre fon propre génie, car fouvent il n'en a pas d'autres, fouvent il ne peut pas conferver la tranquilité publique, fans le ménagement des Grands accrédités dans ſes Etats, quoique peu capables des emplois élevés.

La perſonne du Prince & ſes Conſeillers ſont les principaux reſſorts par leſquels la Providence divine régle les événemens qui influent dans les autres, & en entraînent pluſieurs. C'eſt elle qui donne au Prince des lumieres convenables à ſes deſſéins, & des Conſeils propres à cette même fin.

Elle donnera ſouvent à un Prince éclairé des Miniſtres imbécilles pour éprouver ſa patience, & elle lui ajoûtera des préſomptueux babillards pour l'exercer. Souvent elle lui permet de ſuivre les mauvais Conſeils, pour le châtier. Souvent elle confond les meſures très-juſtes & bien concertées pour l'humilier, & pour le faire entrer en lui même.

Quelle conduite peut obſerver le Prince en tout ceci que de ſe tenir attaché à Dieu, de faire ce qu'il peut conformément à ſes préceptes, de ſouffrir avec patience, ce qui lui arrive de la part du suprême Maître; d'écouter ſes Conſeillers avec bonté, de péſer leurs Conſeils au poids du Sanctuaire, & de les ſuivre autant qu'ils ſont conformes à la gloire de Dieu & à l'utilité publique; ſans s'abattre dans les adverſités, ſans ſe flater dans les bons ſuccès, & ſans s'élever dans les proſpérités.

Il peut ſouvent avoir des bons & louables deſſeins qui ne réuſſiſſent pas, parce que Dieu voudra éprouver ſa fermeté. Ainſi il ne faut pas les abandonner d'abord, ni les croire contraires à la volonté ſuprême: mais il faut les examiner ſouvent devant Dieu, & s'il les trouve bons, on doit les pourſuivre dans une intention uniforme, lui abandonnant leur réuſſite.

# CHAPITRE XVII.

## Sur la famille des Princes.

LA grandeur & l'élevation des Princes, bien loin de les exempter du devoir des peres envers leurs enfans, les chargent encore davantage. Chaque Chrétien doit être instruit de ces devoirs communs. Malheur au pere, qui les ignore, car cette ignorance est trop criminelle devant Dieu.

Si c'est un sujet de crainte & de tremblement pour un simple Chrétien de songer à l'étendue de ces mêmes devoirs; il le doit être d'autant plus pour les Princes qui sont exposés comme des lumieres sur les chandeliers pour luire, & par conséquent il faut qu'ils s'appliquent à instruire leurs enfans.

Mais ces réfléxions ne s'étendent pas seulement sur ceux-ci mais sur tous les Princes de son sang, compris dans sa famille. La différence des Gouvernemens héréditaires & des électifs, doit en premier lieu partager ces réfléxions ; car quoique ces considérations ne fassent aucun changement dans les devoirs communs des peres : les différends rangs que ceux-ci tiennent dans les Gouvernemens, rendent les maximes de leur éducation, différentes.

Les héritiers présomptifs d'un Etat doivent être respectés dès qu'ils sont venus au monde, & on ne sauroit imprimer assez de respect pour eux aux sujets, pour les contenir dans leurs devoirs, dans la prévoyance d'une minorité : mais ce principe n'a pas lieu dans des Etats électifs, dans lesquels les Princes ne sauroient exiger le même respect pour leurs enfans, sans s'exposer à mille dégoûts & inconvéniens.

Le rang & l'état des premiers sont fixés par leur naissance, au lieu qu'ils sont incertains pour les seconds.

Il y a aussi des inconvéniens d'élever trop leurs sentimens, & de les abaisser; en sorte que les Princes électifs ne sauroient quasi mieux faire que de pourvoir leurs enfans de bons Gonvernemens, de les faire élever avec toute la dignité convenable, dans des lieux écartés de leurs Cours pendant leur enfance, ne les faifant paroître que très-rarement à leurs Cours, jusqu'à ce qu'ils soient parvenus à un âge plus avancé.

On se perd lorsqu'on réfléchit fur la délicatesse de l'éducation des enfans héritiers présomptifs; car il est également dangereux de leur faire trop connoître leur élevation, & de leur donner des impressions convenables à leur grandeur dans leur enfance, qu'il pourroit être mauvais de leur faire ignorer ce qu'ils sont.

Ils devroient apprendre à commander dès l'âge même dans lequel ils doivent être dociles & obéissans, pour savoir mieux regner. Ils doivent être respectés & corrigés dans cette âge incapable de discernement & de conduite. On doit élever leur sentimens & souvent on doit ou les baisser ou les modérer, s'ils sont trop élevés.

Avec quels ménagemens, quelle discretion, quelle vigilance, quelles attentions, ne faut-il pas pour ménager ces jeunes arbrisseaux, tandis qu'ils sont souples & peuvent être pliés ? Les jardiniers capables pour ces œuvres sont rares, & au lieu de prescrire des régles & des principes pour une telle éducation; l'esprit de l'homme se confond & doit reconnoître son insuffisance.

Rien n'est plus beau que la méthode que M. l'Evêque de Meaux, a observée dans l'éducation du Dauphin de France, dont il rendoit compte au Pape Innocent XI. par sa Lettre inserée dans son Livre de la Politique de l'Ecriture sainte. Mais les hommes qui savent mettre en pratique de telles Leçons, ne se trouvent que dans le tems que

Dieu veut répandre ses bénédictions sur un Etat, puisque les bons Princes sont ses dons, comme les méchants sont ses fléaux.

Lorsque le Roi des Rois veut ainsi prendre soin de l'éducation de ses Vicaires, il les pourvoit de bons Maîtres, & il donne aux Princes enfans, un cœur docile.

Ce n'est donc qu'à lui que les Princes peres doivent adresser des prieres ferventes, pour demander des bons Instructeurs pour leurs enfans, & faire de leur côté dans ces choix ce qu'ils peuvent. On est frappé d'une foule de réfléxions toutes les fois que l'on pense à l'éducation des enfans & aux maximes qu'on met en usage dans le siécles où nous vivons, pour former leur esprit & leur corps.

On contraint le petit volume de ceux-ci pour les mouler, & à force de vouloir les rendre droits, on les contrefait. Il est étonnant que les Savans Physiciens ne s'apperçoivent pas des inconvéniens qu'il y a

de ferrer , comme on fait , les corps
des enfans , car en contraignant la
circulation naturelle des humeurs
qui les font croître ; elles se jettent
avec abondance fur les parties qu'on
ne fauroit contraindre , en les
rendant difproportionnées.

On leur donne des nourritures
délicates, & leur chair devient de
même. Les différents affaifonne-
mens des ragoûts qu'on leur ferr,
rempliffent le fuc nourricier & le
fang de contrariétés , & corrompent leur temperament.

On veut ainfi leur donner une
belle taille & il arrive le contraire ;
on veut ménager leur eftomach , &
on ôte la fubftance à la chair. Et en
un mot on veut les rendre beaux, &
on racourcit leur vie.

On n'a qu'à comparer les Orientaux, pour voir que le temperament s'affoiblit à méfure que le luxe & la délicateffe prennent de l'ac-
croiffement. Qu'on réfléchiffe encore fur les machines qu'on emploie
pour former les corps des jeunes fil-

les ; on verra plus clairement les effets de cette contrainte dans laquelle on tient leurs corps ; car il eſt impoſſible que ces étranges reſſerremens des parties dans leſquelles les enfans ſe doivent former, ne leur faſſent tort, & quelques imperceptibles que puiſſent être ces effets dans les enfans, le moindre dérangement dans la machine auſſi incompréhenſible , qu'eſt celle du corps humain, devient ſenſible par la ſuite de la génération , ſans qu'on puiſſe en connoître la cauſe. Mais de tous ces raiſonnemens Phyſiques revenons à l'eſſentiel , & déteſtons la vanité qui cauſe cette étrange révolution dans la nature.

On ſuit l'eſprit de la chair , & cette chair ſe détruit elle-même. On excéde la ſimplicité de la nature, & la duplicité la gâte. On veut former le corps pour repréſenter une figure à ſa fantaiſie, car on ne ſe ſoumet pas à l'ordination du Créateur , & on le contrefait.

Qu'y a-t-il de plus juſte que la conduite de Dieu en tout ceci, qui confond ainſi la prudence de la chair par ſes propres œuvres & inventions, puiſqu'elle s'éloigne de ſes Commandemens par ſa vanité & par ſon orgueil ? A quel deſſein veut-on former & mouler cette tendre pâte du corps des enfans, ſinon pour plaire & les rendre agréables aux yeux ? & quel deſſein peut-il être plus abominable aux yeux de Dieu ? Quand même tous les hommes & toutes les femmes ſeroient contrefaites, & ſeroient des monſtres, pour ainſi dire, croit on que la race des hommes périroit ? On n'eſt pas aſſez inſenſé pour concevoir une telle penſée ; car on ſait aſſez que ſi la laideur étoit auſſi générale, l'imagination de l'homme ſe formeroit de la beauté dans la laideur même, comme on voit que cela arrive ſouvent ; & pourquoi cherche-t-on ces agrémens, ſinon pour inviter, pour ainſi dire, les hommes à aimer les femmes, & les femmes à aimer les hommes ? Voyons à préſent fent, dequoi les Princes deviennent coupables si par la conduite qu'ils observent dans l'éducation de leur famille, ils autorisent tels exemples ; car les maux dont on parle ne consistent pas dans les soins qu'on prend de leur corps , mais dans toute la suite de leur éduca. tion.

Les premiers amusemens des jeunes Princesses sont les poupées, ensuite la danse, les ajustemens, les parures, & la Musique ; mais les impressions que tous ces amusemens donnent ; où les conduisent-elles, lorsqu'elles deviennent plus âgées ? Quels rapports ont-elles à leur véritable devoir , & par conséquent lorsqu'elles sont mariées quels exemples donnent-elles aux Dames de leur Cour, & à leurs sujets ? Il est vrai que l'éducation qu'on donne aux Princes est plus digne de leur élevation, car on leur apprend ce qu'ils doivent savoir ; mais les bals & les danses, dans lesquels on les produit en spectacle devant leur

Cour, leur donnent des impreſſions de la vanité, qu'ils communiquent à leurs ſujets par la ſuite du tems.

Les Princes qui autoriſent de pareilles éducations peuvent-ils s'imaginer qu'ils ne ſeront pas reſponſables de toutes leurs fautes ? Certainement ils courrent riſque de ſe tromper s'ils croient que par de pareilles maximes, ils rendent juſtice à leurs familles, & s'ils ſe perſuadent qu'ils agiſſent poliment avec elles lorſqu'ils ne réglent pas mieux leur éducation. Il paroît y avoir des raiſons pour & contre, pour ne pouvoir pas d'abord décider, s'il ne feroit pas mieux d'élever les Princes parmi des perſonnes mûres, à l'excluſion des enfans de leur âge ; car certainement l'émulation dans l'étude & dans les exercices, pour laquelle on met auprès d'eux ces jeunes enfans, ne produit pas tant de bien qu'elle peut faire de mal ; parce que dès qu'on commence d'admettre les enfans des Grands à la

Cour & des Seigneurs, dans la Société des jeunes Princes; chaque Seigneur confidérable envoie le fien
pour faire fa Cour, & fi ceux qui
ont foin de l'éducation des Princes
ne les admette pas, ils fe chargent
de l'inimitié de leurs parens, qui
peuvent caufer des diffenfions très-
fâcheufes dans l'Etat; fi pour éviter
ces diffenfions on les reçoit tous,
& on les admet dans la *Société* des
Princes; quels moyens peut-on
trouver de les garantir de la diffolu-
tion de la jeuneffe?

La nature de l'homme penchant
au mal fe manifefte dans l'âge le
plus tendre, & les Princes enfans
peuvent prendre de l'inclination
pour les plus vicieux des enfans de
leur compagnie. On peut châtier
ceux-ci, on peut les ôter, mais ce
n'eft toujours qu'en chagrinant les
jeunes Princes; & puifque toutes
ces occafions durent pendant tout
le cours de leur éducation, le chagrin qu'on leur fait s'imprime plus
vivement à mefure qu'ils avancent
dans l'âge.                    V ij

Ils croient qu'on leur fait tort en séparant leurs favoris de leur *Société*. C'est ainsi que les fréquens changemens nourrissent dans leur cœur, l'aversion pour ceux qui les gouvernent, & les mauvais exemples que les jeunes favoris leur auront donnés.

Le mal qu'ils auront appris demeure aussi profondément gravé dans leur mémoire, qu'il est conforme à leurs inclinations. Et aussitôt que les Princes viennent à Gouverner, ils méprisent les vieux Ministres ; les jeunes favoris élevés avec eux gagnent le dessus : & c'est ainsi que le Théâtre d'une Cour change presque avec autant de rapidité que celui d'un Opera : au lieu que si on tenoit toujours éloignée d'eux, la jeunesse, étant accoûtumés à vivre avec des personnes âgées, ils conserveroient plus long-tems la docilité.

On pourroit penser qu'un jeune Prince ainsi élevé, deviendroit un fruit précoce qu'on effaceroit en

lui le feu de la jeuneſſe, qu'il ſeroit d'une humeur ſombre & mélancolique : c'eſt un abus de croire
que la converſation des perſonnes
âgées étoufferoit le feu de la jeuneſſe quant à la vivacité de l'eſprit,
puiſque pluſieurs la conſervent dans
l'âge avancé. Elle n'ôtera donc que
la légéreté de l'eſprit , & c'eſt ce
qui eſt à ſouhaiter ; puiſque les plus
grands défauts , que l'on commet
dans ſa jeuneſſe, ne ſont produits
que lorſque la vivacité eſt accompagnée, ou plutôt précipitée par la
légéreté.

La maturité ne peut jamais être
aſſez avancée dans un Prince ; ainſi
ce ne ſont que les hommes remplis
de vanité & de la joie du ſiécle , qui
puiſſent dire qu'un Prince eſt ſombre & mélancolique parce qu'il ne
danſe pas, ou qu'il ne voltige pas
autour des femmes , comme un pa-
pillon fait autour de la lumiere.

On ne ſauroit aſſez réfléchir ſur
les maux que la légéreté d'un jeune
Prince peut attirer à l'Etat , & plai-

fe à Dieu que nous n'en voyons jamais d'exemple.

La gravité eft un caractere par lequel il feroit à fouhaiter qu'un Prince enfant fe diftinguât dès fes tendres années ; mais on fe méprendroit en croyant que ce caractere confifte dans une contenance fiére ou froide, ou dans une marche prefque imobile, ou enfin dans des manieres affectées, par lefquelles un Prince voudroit devenir l'idole de fes fujets.

Quand même on pourroit croire que ces contenances feroient propres à la Majefté ( comme les Orientaux en font perfuadés ) un Chrétien ne fauroit fe repréfenter dans cette conduite aucune trace de l'image de Jefus-Chrift, dont la gravité confiftoit dans une douce & modefte humilité, que l'efprit du monde ne fauroit ni concilier, ni imiter : & c'eft pour cela qu'il cherche la majefté & la grandeur dans des affectations biens contraires à la fimplicité chrétienne & à la po-

litesse, sur les principes de laquelle
on fait ces réfléxions.

Il seroit peut être superflu de les
étendre sur les manieres d'élever les
enfans cadets des Princes; il y a des
exemples de l'abus qui s'est introduit
dans la Chrétienté, de vouloir dis-
poser de la destinée des enfans depuis le berceau : & cet abus s'est
introduit dans les Cours aussi sans
qu'on puisse d'abord concevoir comment une conduite si visiblement
opposée à l'idée que la foi doit inspirer de la Providence divine, puisse être tolérée & même autorisée
dans l'Eglise : autorisée dis-je, car
il n'est pas nouveau de donner des
mitres & des chapeaux rouges aux
enfans, & à moins que ceux-ci ne
refusent de les accepter quand ils
parviennent à l'âge mûr, on n'éxa-
mine plus ni leur vocation ni leurs
talens.

On peut excuser le Chef de l'E-
glise dans un tel procédé, car il peut
accorder ce qu'on lui demande sur
la bonne foi des demandans ; mais
V iiij

comment les peres peuvent ils s’excuſer, ſoit Prince, ſoit ſimples Chrétiens, puiſqu’ils deviennent ſouvent
par-là, la cauſe de la damnation de
leurs enfans.

Paſſons, ne diſputons point ſi le
droit d’aîneſſe que Dieu lui-même
avoit établi dans le vieux Teſta-
ment, a retenu ſa vigueur dans le
nouveau. Poſons que les cadets doivent tout reſpect & déférence à
leurs aînés. De tous ces principes
il ne s’enſuivra certainement pas
que ( l’impreſſion de cette ſupériorité à part ( l’éducation des cadets
dû être différente de celle des aînés,
à cauſe que les hommes deſtinent
ceux ci au Trône ; mais Dieu n’y
deſtine-t-il pas peut-être le dernier
des cadets ? Puiſqu’on a vû ſouvent
qu’une mort prématurée ayant enle-
vé l’aîné des Princes ; un cadet né-
gligé dans ſon éducation a rempli le
Trône, qu’on avoit deſtiné à l’autre qui avoit été mieux élevé.

Peut-on croire que le pere n’ait
été coupable des défauts que ſon

éducation auroir attiré à l'Etat ? Les raisons que l'on allégue pour la différence de l'éducation des aînés & des cadets, ne font que le reste de ces coûtumes barbares selon lesquelles on s'aveugloit, on tonsuroit les cadets pour rendre paisibles les Gouvernemens des aînés. Mais quelles précautions plus justes pourroit-on prendre que de remplir l'esprit & le cœur des enfans des Princes, des sentimens de notre sainte Religion, puisque ces maximes établissent dans un si haut dégré la dilection fraternelle, & qu'elles condamnent autant l'ambition, qu'elles relévent l'humilité & l'obéissance.

N'est-il pas juste que Dieu confonde la prudence humaine pas ses propres principes ? On éleve les aînés des enfans avec distinction & avec éclat, on les fait respecter par les cadets, & à mesure qu'ils croissent les premiers prennent l'autorité sur le seconds; les cadets commencent à leur tour à se connoître, & soit par l'orgueil naturel à l'homme , foit faute d'éducation , ils deviennent moins fouples devant leurs aînés ; fi ceux-ci veulent leur faire fentir leur autorité , les autres s'en offenfent. Les défauts de leur éducation même peuvent produire des traverfes dans leurs efprit d'autant plus facilement , qu'il a été moins cultivé.

Faut-il plus d'un favori turbulent & étourdi, qui fe rende maître de l'efprit d'un tel Prince cadet, pour produire des troubles dans un Etat ? Voilà les effets de la prudence humaine , voilà les lumieres ténébreufes de la politique mondaine ; car celle-ci ignore que nulle obéiffance ne peut être durable, que celle qu'on rend pour l'amour de Dieu , parce que tous les autres objets que l'obéiffance peut avoir dans le monde ; toute autre autorité peut être méprifée par l'orgueil & par l'amour propre de l'homme. Mais parmi ceux même qui veulent élever leurs enfans Chrétiennement ; combien y en a-t-il qui profitent mal de leur âge pour les difpofer à la vie chrétienne depuis le berçeau ? On ne fait que flater leur fenfualité dans l'âge qu'on appelle innocent : fans faire de réfléxions qu'en accordant tout, on grave dans leurs cœurs les traces des paffions qui croiffent, & qui fe fortifient avec leur corps, on commence dès-lors même à dire qu'il ne faut pas les contraindre ni les élever en Moines & en folitaires.

Il y a des parens qui croient qu'il fuffit d'apprendre à leurs enfans des prieres, & qui négligent à leur imprimer les fentimens de la Religion, dont on ne leur donne communément que de légéres ébauches par le Catéchifme abrégé qui ne contient que les Myfteres. On les contraint à prier, & par cette contrainte on leur donne fouvent du dégoût pour la priere, du refte on leur donne une liberté entiere, de s'amufer comme ils veulent.

Combien de réfléxions ne pourroit-on pas faire fur cette matiere ?

Et parmi les amusemens même des enfans ; combien en pourroit-on trouver par le moyen desquels on pourroit insensiblement élever leur esprit à Dieu, pour le faire craindre & aimer ?

Si l'on étudioit cette matiere avec attention, & si l'on employoit toute la vigilance nécessaire dans l'éducation des enfans depuis le berçeau. Cependant les peres véritablement Chrétiens mettent communément une différence entre l'éducation de leurs enfans qu'ils destinent à l'état Ecclésiastique, & entre ceux qu'on destinent à la vie mondaine ; en forte que cette même difference peut faire connoître la vérité de ces réfléxions.

Nul parent Chrétien n'est exempt du compte qu'il doit rendre à Dieu de ses enfans, & les Princes sont d'autant plus assujettis, qu'ils sont exposés, comme on a déja dit, comme des lumieres pour luire.

Ne pécheroient-ils pas donc contre la politesse dûe à leur famille

s'ils vouloient pour ainfi dire , donner plus de lumiere aux aînés qu'aux
cadets, & s'ils n'étendoient pas leurs
foins en cela fur tous les enfans de
leur fang ? La charité chrétienne
doit gémir fur tout ce qu'on voit
dans la Chrétienté, mais il ne lui
convient que d'adorer la conduite
de la Providence , dans des événemens qu'elle ne peut pas changer.

Ces réfléxions racourciffent beaucoup celles qu'on pourroit faire encore fur l'éducation des enfans d'un
Prince électif ; car chacun d'eux
étant engagé par ferment de ne déroger en rien aux droits que leurs
Etats fe font réfervés dans la liberté
de l'éducation de leur Prince. Nulle vûe nulle démarche qu'il pourroit faire en faveur de fes enfans ,
pour les mettre fur le Trône, ne
peuvent convenir à la fimplicité,
avec laquelle il doit fuivre fes engagemens, néanmoins, il eft fans doute du devoir d'un tel Prince , de
s'appliquer à rendre fes enfans di-

gnes du Trône, en plantant en eux, autant qu'il peut, toutes les vertus chrétiennes, & en les conservant dans l'estime, dans l'amour, & dans la considération du peuple.

Ce n'est que pour cela que l'on a dit qu'il devroit les tenir éloignés de sa Cour, s'il étoit assez heureux de trouver des personnes ausquelles il pût confier son éducation en sûreté de sa propre conscience ; car ce n'est que par ce moyen qu'il pourroit les exempter du mépris dans leur tendre âge. Si au défaut de Gouverneurs irréprochables il étoit obligé de les tenir auprès de lui ; il faudroit agir avec des circonspections particulieres pour ne les pas commettre avec les Grands de son Etat. Desquels il ne peut exiger qu'un respect limité, pour ses enfans.

Ce seroit une maxime très-sage de les tenir ainsi, jusqu'à l'âge, auquel ils pourroient se faire respecter eux-mêmes par leur bonne conduite.

L'efprit de l'homme fe perd de nouveau, lorfqu'on réfléchit fur la différence des fentimens & d'inclinations qui fe rencontrent fi fouvent entre le pere & fes enfans. Les Princes ne différent guéres en cela du commun des hommes, & voilà pourquoi un Prince électif charge fa propre confcience de tous les maux que fon fils pourroit faire pendant fon regne, s'il employoit des moyens particuliers pour l'élever au Trône, & fur-tout s'il trouvoit dans fes enfans, des inclinations, qui le fiffent gémir devant Dieu. Car la confolation & le déplaifir qu'on a dans fes enfans, font encore les effets de la difpofition de la divine Providence, par lefquels elle récompenfe ou châtie les peres.

# CHAPITRE XVIII.

### Sur la politesse des Princes envers les Etrangers.

ON a déja dit, que les Minis-tres des autres Princes, & ceux qui n'étant pas leurs sujets qui viennent à sa Cour, sont ceux qu'on comprend sous le nom d'Etrangers. Ainsi il est aisé de voir que le Prin-ce doit toute civilité, estime, & con-sidération même pour ceux qui ont du caractere, ou qui sont de grande extraction, naissance, & qualité.

Il seroit à souhaiter qu'à toutes les Cours il y eût des Introducteurs d'Ambassadeurs, qui fussent par-ticulierement chargés de faire des honneurs aux Etrangers, & de leur donner la connoissance des étiquet-tes, & coûtumes de la Cour.

Il y en a en Europe où les Etran-gers sont reçus avec admiration,

par les bons accueils des Princes &
des Courtisans. Où tous les Officiers de la Maison des Princes cherchent à leur faire plaisir, où il y a
des Courtisans & vieux Seigneurs
qui leur font honneur, qui les produisent, & leurs donnent des avis.
Mais aussi il y a des Cours où ils sont
peu considérés, où les Huissiers les
tirent par la manche, lorsque faute
de connoissance, ils se trouvent
dans des endroits où ils n'ont pas
droit d'entrée : où les Officiers de
garde le font, où ils permettent à
leurs subalternes de les repousser
sans ménagement. Ainsi de ces deux
manieres de procéder, il est aisé de
juger qu'un Prince fait des fautes
contre la politesse, quand il ne cor-
rige pas ces manieres rudes, car son
honneur personnel souffre par-là
dans des Pays étrangers, & ce n'est
que la nécessité indispensable qui
peut conduire les Etrangers dans des
Cours pareilles.

C'est un abus de croire qu'un
Prince déroge à la dignité lorsqu'il

reçoit avec civilité les Etrangers, lorfqu'il leur parle en public, quand ils font d'une certaine diftinction. Il ne faut pas pour cela les admettre d'abord dans fa familiarité avec ceux-ci, cela peut-être de conféquence : en forte que lorfque le Prince eft à la campagne, on peut fort bien ne leur donner que certains jours pour venir à la Cour.

Comme les Princes ne vivent pas pour eux-mêmes, la politeffe exige d'eux, qu'ils fe communiquent aux autres, & les raifons de leur bonté doivent s'étendre à tout & par tout. Ils ne peuvent pas faire du bien à tous les Etrangers, mais ils peuvent leur donner des marques de bonté, fans épuifer leurs tréfors. Il feroit cependant à fouhaiter que la vanité & l'oftentation n'eût point de part à leur conduite, quoiqu'il foit néceffaire, que la dignité y foit obfevée, & que les Princes & les Courtifans agiffent, pour ainfi dire, de concert à l'égard des Etrangers. Ni l'étiquette de la Cour, ni la fonction des

charges ne doivent pas être déran-
gées pour l'amour d'eux ; mais il faut
que tout cela se fasse avec attention
& civilité.

On n'a pas en vûe d'étendre ces
réfléxions sur tous les Etrangers ve-
nant à la Cour, car on ne leur rendroit pas justice si l'on les traitoit
tous également ; il faut s'assûrer de
leurs naissances, qualités, &c. aupa-
ravant, pour ne pas se commettre ;
car l'excès & la précipitation doivent être également éloignées de la
conduite des Princes.

Il est charitable lorsque sa libéra-
lité & ses bienfaits s'étendent sur
les Etrangers, mais il seroit dangereux, s'il elle excédoit les bornes
de la charité, dûe à ses propres sujets.

# CHAPITRE XIX.

### Sur la politeſſe d'un Prince envers ſes Courtiſans & Domeſtiques.

APRE's avoir tant dit, on a d'abord de la peine à faire des nouvelles réfléxions ſur ce ſujet, & en effet il ne faut que développer & appliquer celles, qu'on a déja faites. Que l'on examine bien l'étendue de la charité qu'un Prince doit avoir pour ſes ſujets, pour ſes Courtiſans, & pour ſes domeſtiques. On verra comme dans un miroir, ce qui s'appelle la politeſſe d'un Prince envers eux. Ainſi il faut conſidérer tous les devoirs de la charité, que ſaint Paul nous enſeigne ; on verra aiſément qu'elles doivent être pratiquées dans l'Etat qui repréſente l'image de Dieu ſur la terre.

*La charité*, dit cet Apôtre, *eſt patiente*, & c'eſt ce qui s'appelle en Dieu, longanimité. Voilà en quel sens la patience est nécessaire au Prince, à l'exemple de Dieu, qui fait lever son Soleil sur les bons & sur les méchans, sans exterminer d'abord ceux-ci.

Il faut avouer que cette longue patience est souvent blâmée des hommes dans un Prince, & on est porté de l'accuser d'indolence, de tiédeur, & de nonchalance ; mais l'impiété des hommes, & sur-tout l'envie, ne prend-t-elle pas sujet de douter même de l'existence de Dieu & de sa Providence, en considérant la prospérité des méchans ? Dieu a ses desseins lorsqu'il supporte les plus grands pécheurs, infiniment plus connus à lui qu'ils ne sauroient l'être au Prince, parce que sa charité *est douce & bienfaisante*, voilà pourquoi elle instruit, elle reprend long-tems, & elle ne désespére pas de l'amandement de ses freres & enfans, mais tout a son ordre & sa mésure.

Dieu souffre mille millions de

péchés, cependant la mesure étant comblée, le dernier péché, quoique souvent moindre que les précédens, est puni des peines de l'Enfer. Il est dangereux aux hommes d'examiner la conduite de Dieu en cela ; il n'est pas permis non plus de vouloir pénétrer les desseins des Princes, qui sont ses images, lorsqu'ils tiennent de pareilles conduites.

Dieu agit en Souverain Maître, mais jamais sans raison & sans justice. Ainsi souvent l'éducation, la jeunesse, la mauvaise compagnie, les mauvaises habitudes, le temperament, l'ignorance, peuvent rendre la conduite des Courtisans ou des domestiques détestable.

On fatigue, charge les oreilles du Prince de leurs actions, faits ; les faux dévots toujours envieux damnent le Prince ; des personnes d'une piété simple ou d'un zéle indiscret, le pressent de les foudroyer. Le Prince doit-il le faire d'abord, sur leur rapport ? Non certes, sans

une forme de justice ; car les délateurs ne peuvent être témoins, &
sans témoins personne ne peut-être
condamné.

La conduite d'un Prince doit être
en cela différente de celle, que les
particuliers peuvent tenir, car ce
procédé peut tirer à conséquence.
Un Grand de l'Etat, un Seigneur,
n'est pas sensé justement condamné,
si l'on ne lui fait pas son procès, &
c'est cependant le blesser dans son
honneur, que de le priver de sa
charge, ou de le bannir de la Cour.

Combien de troubles & de guerres civiles n'a-t-on pas causé, par
des pareils procédes ? Qu'on éten-
de encore plus ces réfléxions, on
verra qu'un particulier ayant un
domestique dont la vie est scanda-
leuse, fait bien de le renvoyer, car
en le faisant sortir de sa maison, il
délivre les autres de l'occasion du
péché, & il n'est plus responsable
devant Dieu de la conduite de celui, qu'il aura chassé. Mais ce raisonnement ne doit pas avoir lieu

pour le Prince ; car un tel débauché sortant de la Maison ou de la Cour d'un Prince, ne laisse pas de demeurer dans ses Etats, & s'il se retire ailleurs, s'il est banni sur ses terres, il a encore plus d'occasion à pervertir ses sujets & à mener une vie déréglée, qu'il n'en avoit eu sous les yeux de son Prince. Ainsi sa charité ne doit être ni *téméraire ni précipitée*.

Il y a dans la vie mondaine des apparences de péchés qu'il devient impossible d'approfondir, si l'on ne juge que des apparences, on court risque d'être téméraire ou précipité. Il y a des personnes de piété qui croient que les Gouvernemens des Cours doivent être semblables à la direction des Maisons Religieuses ; mais elles ne réfléchissent pas que les Chrétiens qui s'adonnent à la vie spirituelle sous la conduite d'un Supérieur, s'étant soumis à des Régles particulieres, peuvent être mis en pénitence & châtiés selon elle, toutes les fois qu'ils y contreviennent

nent. Mais ceux qui menent une vie civile ne sont assujettis aux Magistrats & aux Princes que dans ce qui regarde la loi civile, dont on doit observer les formalités, dans lesquelles la charité ne permet pas de rien précipiter.

Les adulteres doivent être punis selon les loix, par la mort ; mais entre mille apparences de ces crimes (si ordinaires dans leurs Cours) y en a-t-il un qui puisse être puni selon les formalités ? Telles personnes menent une vie très-scandaleuse par rapport aux formalités indécentes & tendantes au libertinage ; elles sont déférées au Prince , par toutes les personnes de piété qui en sont scandalisées ; le Prince remarque lui-même leur conduite , il les avertit avec charité , soit par d'autres , soit par lui-même ( ce qui est prudent dans ces sortes d'occasions ) mais les appparences ne cessent pas; doit-il aller à l'extrémité, lorsque le mari n'accuse pas sa femme, dont le public parle si mal ? Révélera-

t-il la turpitude au mari qui ne la
foupçonne pas, & qui excufe les
apparences fur lefquelles la femme
pourroit être coupable ? Qui eft-ce
qui fera l'accufateur, ou partie ?
Mais fuppofons que le procés foit
inftruit par ordre du Prince, & que
le fait manque de témoins occulai-
res, la juftice ne l'a pas condamnée
à mort, & fi elle l'abfout, quels
inconvéniens ne fuivront pas une
telle précipitation ? Quelle réparation peut-on donner au mari, à la
femme, au complice avec toute
leur parenté qui fe tiendra des-
honorée ? Suppofons de l'autre côté des Courtifans & des domeftiques
du Prince, qui font déférés pour
fréquenter des Sociécés & des Mai-
fons où il fe commet des fcandales,
qui bleffent les yeux & les oreilles
pieufes ; qu'on les avertiffe de ne les
pas hanter, ceux-ci manqueront-
ils de dire à ceux de la Société, la
défenfe qui leur a été faite ; & le
maître & la maîtreffe de la maifon
foupçonnés, ne demanderont-ils pas

des satisfactions des délateurs? Voilà de nouveaux embarras, voilà des
procès, voilà la Cour plongée dans
des inimitiés, qui ont quelquefois
des suites fâcheuses. Voilà donc où
la charité ne doit pas avoir de mauvais soupçons.

Non non, ce ne sont que les spéculatifs qui croient de pouvoir ainsi
gouverner les Cours, & le Prince; leur zéle & leurs scrupules,
pourroient causer des guerres civiles, s'il gouverne un Etat libre, &
susciter des haines, inimitiés, &
querelles continuelles, quelque héréditaire & absolu qu'il puisse être
dans son Royaume. Ainsi sa charité
ne doit pas *se réjouir de l'injustice*,
que ses sujets commettront, & dont
il sera cause, *mais elle doit se réjouir
de la vérité.*

Voilà pourqui *elle tollere tout, elle croit tout, eile espére tout, elle souffre tout.* Mais ne dira-t-on pas aussi
que par cette conduite, & par une
charité aussi mal entendue, il laisse-
ra une Cour exposée à tous les cri-

mes & débordemens de la vie mondaine, & qu'ainſi devenant reſponſable de tous les maux, il ſe damnera avec les autres ? On le dira ſans doute, car c'eſt le langage de tous les Directeurs qui ne ſont pas éclairés, mais les jugemens de Dieu ſont différents de ceux des hommes.

Il eſt du devoir du Prince de travailler toute ſa vie & avec la derniere aſſiduité que toutes ces ſortes de maux ſe corrigent ; il doit employer en cela tous ſes talens, tout ſon pouvoir, toute ſon autorité, Mait il doit tout faire avec charité, & c'eſt à quoi il doit exercer ſa politeſſe.

Il eſt difficile d'expliquer comment la charité doit tout croire & cependant ne rien croire dans les faits que les perſonnes les plus irréprochables rapportent ; c'eſt cependant ce qu'il faut pour ne pas agir témérairement & précipitamment ; car la prudence repréſente, que perſonne n'eſt infaillible, & qu'on peut manquer avec bonne foi, &

avec les meilleures intentions. Ainsi
la charité doit toujours espérer, que
Dieu rémédiera par sa toute-puissan-
ce, aux maux, ausquels les hommes ne sauroient apporter de reméde, & voilà pourquoi elle souffre ce
qu'elle ne peut empêcher, en gémis-
sant devant Dieu, & travaillant par
les secrets que cette même charité
suggérera au Prince pour corriger
ses sujets, sans faire de fâcheux
éclats.

Il y aura des hommes qui con-
damneront sa conduite ; les indiscrets se porteront à la violence, ils
se scandaliseront de sa longanimité & la qualifieront d'indolence criminelle, & consentement au mal.
Mais Dieu ne regardera pas ainsi
son procédé lorsqu'il fait tout ce
qu'il peut.

Apprenons de la Providence à
conduire les hommes. Où trouvera-t-on des leçons plus salutaires ?
Deux personnes ont des attache-
mens criminels, & cet œil immen-
se les voit & connoît la vérité ; la

Providence les foudroye-t-elle d'a-
bord lorſqu'elle veut les détacher ?
Non certes, mais elle les ſépare par
mille événemens incompréhenſibles
aux hommes, elle éloigne l'une de
l'autre, elle répand tant d'amertu-
mes ſur eux, qu'à la fin ils revien-
nent à connoître leurs fautes, &
s'oublient à jamais.

Rien n'eſt plus aiſé à **un Prince**
que d'agir ainſi. On donne des emplois & des charges à un mari pour
éloigner ſa femme d'avec lui, ou on
agit ainſi à l'égard d'un complice de
crimes, pour l'éloigner de la femme
avec laquelle il paroît avoir des habitudes criminelles. On demande de
l'exactitude dans le ſervice, & on
l'exige avec quelque eſpece de rigueur pour empêcher & pour rom-
pre les Sociétés ſoupçonnées d'un
domeſtique, on éloigne les autres
pour quelque tems, & enfin on occupe les autres pour ne pas leur donner du tems & du loiſir pour fréquenter les mêmes Sociétés.

Dieu voyant les intentions ſincéres, les fatigues & les soins d'un tel Prince, exauce les gémissemens de son cœur, & enfin, il lui accorde la consolation de voir le retour de ses brebis égarées : mais les scrupuleux, les bigots, & les indiscrets crieront toujours ; car ils s'imagineront que les emplois, les dignités, les biens temporels, enfin les bienfaits que le Prince répandra dans ces occasions, sont mal employés & d'un mauvais exemple, sans se souvenir que la Providence elle-même dispose souvent ainsi en faveur des méchans, des prospérités mondaines & grandeurs temporelles, & que les bienfaits sont toujours bien employés lorsqu'ils peuvent servir au salut de quelques ames qu'on ramene à Dieu par ces sortes de moyens ; car c'est en effet la plus grande récompense qu'un Prince peut donner à ses Courtisans & à ses domestiques. Jesus-Christ lui-même a rendu son joug doux & son fardeau léger ; comment le Prince imiteroit-il ce divin Original, s'il vouloit le rendre onéreux

par son austérité & par ses ri-
gueurs.

Ce n'est pas la contrainte de la
loi qui a sauvé les hommes, mais la
liberté que le Fils de Dieu leur a
rendue. C'est la loi d'amour qui les
conduit au salut.

Voilà la loi dans laquelle le Prince doit marcher, & son troupeau
doit le suivre. Mais la puissance ne
pourra jamais le contraindre, si la
grace de Dieu ne le fait avancer.

Peut-être y aura-t-il moins de
dévots en apparence dans une Cour
ainsi gouvernée, mais il y aura certainement de bons Chrétiens, car
ils exerceront la piété avec joie,
sans crainte & sans hypocrisie.

On ne veut nullement établir par
ces manieres douces, que le Prince
ne doive jamais punir les désordres,
car ce seroit une maxime contraire
à la justice : il doit même se fâcher,
mais point pécher, parce qu'il y a
des hommes qui doivent être conduits plus durement en apparence
que les autres, & le Prince trouve-

ra affez d'occafions de leur marquer fon indignation, fans s'engager toujours à donner des reprimandes, qui doivent être rares pour que les domeftiques ne s'y accoûtument pas, & enfin quand quelqu'un feroit tant qu'il mériteroit d'être puni, il doit lui faire fentir tout le poids de fa juftice, & être inéxorable dans ces occafions, car par un tel exemple il en épargnera plufieurs, il fe fera craindre des méchans, & aimer des bons. Nul rang, nulle confidération ne doit le détourner alors; car nul homme dans fes Etats ne doit fe croire exempt des effets de fa juftice pouffée à bout.

Sans cette conduite il s'expofera à toutes les infolences des Grands, & il fera maîtrifé par eux.

Jamais le Prince ne peut mieux faire paroître fa qualité d'Avocat des pauvres, des veuves, des orphelins, qu'en vengeant les oppreffions & les injures que les Puiffances leur pourroient faire. Sa juftice doit être févére envers les Juges &

les Magiſtrats qui ſe laiſſeroient corrompre, ou les Financiers qui détourneroient les deniers publiques à leur profit ; mais il faut qu'on obſerve la formalité des loix en tout ceci, & que le Prince n'agiſſe ni par paſſion, ni par caprice , ni par prévention, mais uniquement par motif de juſtice & de la charité qu'il doit à ſes ſujets, dont il ſera ainſi l'Avocat , en vengeant les injures & les concuſſions qu'on leur fera.

## CHAPITRE XIX.

*Sur la politeſſe des Courtiſans envers leur Prince.*

C'Eſt une opinion communément établie, qu'on apprend la politeſſe dans les Cours, mais puiſque l'eſprit du monde eſt un eſprit de menſonge. La politeſſe du monde n'eſt que phantôme & illu-

fion, & elle n'eſt que menſonge &
affectation. Elle enſeigne bien à un
Courtiſan de reſpecter & de flater
même les Princes, d'avoir des égards
pour tous les hommes, de paroître
toujours avec un viſage doux & af-
fable, de prévenir en civilité les autres, de ne paroître pas affecté dans
ſon extérieur, d'être obéiſſant &
ſouple aux ordres de ſes Supérieurs.
Mais elle n'enſeigne pas, que les
ſentimens du cœur ſe duſſent conformer à la mine, à la conduite, &
à la repréſentation extérieure : car
bien-loin de-là elle autoriſe les inimitiés & les haines cachées, les vio-
lens deſirs d'une ambition démeſu-
rée, pourvû que l'extérieur paroiſſe
doux, civil, & prévenant.

La politeſſe mondaine eſt un art
de déguiſer ſes penſées. Un Chrétien
doit frémir de ces maximes, tant elles ſont oppoſées à l'eſprit de la Religion : elles ſont établies ſur la concupiſcence & ſur l'amour propre,
en ſorte qu'on ne peut que gémir
lorſqu'on penſe quelle eſt la poli-

teſſe qui eſt en uſage dans les Cours, qui, ſelon l'Eſprit deJeſus-Chriſt,ne devroient être qu'une même famille gouvernée par ſon Vicaire, & un même troupeau conduit par un ſeul Paſteur.

Toute cette multitude d'hommes attentifs à leurs fonctions reſpectives devroit ſervir le Prince, unie avec lui en eſprit & charité, mais le ſort des Princes ſeroit trop heureux & la vie trop agréable,s'ils pouvoient jamais réuſſir d'avoir de telles Cours.

La vie de tous les Saints Princes nous fournit des exemples des graces, que Dieu leur a données pour ſe comporter ſelon les maximes & réfléxions que l'on peut faire chrétiennement ſur les devoirs des Princes, mais il n'y a jamais eu d'exemple ( comme on a dit ) que leurs Cours entieres euſſent participé à ce même eſprit de ſainteté que Dieu leur avoit accordé. Ainſi les réfléxions qu'on peut faire ſur la politeſſe des Courtiſans, ne regardent que le petit nombre de ceux qui voudroient vivre en Courtisans Chretiens.

Il n'y a pas un Prince qui ne souhaitât que ses Courtisans fussent fidéles, doux, civiles, patiens, sobres, obéissans, assidus, généreux & vaillans; & en effet on a vû des Cours où ces qualités vertueuses dominoient.

On a vû, dis-je, une Cour où dans l'extérieur l'uniformité des mœurs & des caractéres brilloit, & tous les Courtisans contribuoient à l'honneur & à la gloire du Maître; où l'exercice extérieur de la Religion donnoit un tel lustre aux vertus morales, qu'on avoit de la peine à discerner les enfans de Jesus-Christ, des enfans du monde. Un Prince doué des qualités de sa haute naissance, avoit formé cette Cour depuis plusieurs générations. Il étoit le véritable pere de cette multitude d'hommes qui l'environnoient, la majesté de son port, & la douceur de ses accueils attiroient & fixoient fur lui tous les yeux. Quelles réfléxions ne pourroit-on pas faire fur l'ordre, fur la magnificence, fur la maniere de vie douce & agréable de cette même Cour ? Car les plus grands plaifirs du Prince étoient d'éloigner toute gêne & toute contrainte : mais on a auffi vû le tems où l'ambition, les jaloufies, l'ingratitude, les briques & les cabales, qui s'étoient cachées dans le fonds des cœurs ayant paru tout à-coup, ont manifefté la différence infinie d'entre la politeffe chrétienne, & celle du monde. En forte que les cœurs des Courtifans n'étant pas foutenus par l'attachement fondé dans la charité, chacun fuivoit fes vûes & fa cupidité.

Les vertus morales ont un éclat extérieur qui rendent les Cours brillantes, mais fi on les confidére bien elles ne font que des feux folets qui manquent de chaleur, quoiqu'ils ayent de la lueur, ces feux ne font que des vapeurs enflammées qui voltigent autour des voyageurs, comme fi elles vouloient leur rendre quelques fervices en luifant, mais lorfqu'on veut les prendre elles s'enfuient, & fi on les pourfuit elles féduifent. Ainfi fi l'on regarde la Cour avec les yeux de l'efprit, elle eft femblable à un grand marais fort bourbeux, mais couvert d'une verdure agréable aux yeux, on y voit des rofeaux qui croiffent fort vite & s'élevent fort haut : mais ils font agités de tous vents. Il y a des terres plus élevées, qui affûrent les pas de ceux qui marchent en fautillant de l'une à l'autre, mais lorfqu'on les manque, on enfonce dans un marais qui formé par des eaux qui s'amaffent de tous côtés par la pente naturelle du terrain, croupiffent & engendrent toutes fortes d'infectes. On y voit des oifeaux qui les guettent auffi-tôt qu'ils paroiffent, & qui les enlevent fans que ces oifeaux quittent l'étendue de ce marais : duquel fortent des vapeurs & exhalaifons fulphureufes qui s'enflamment

& produifent des feux folets. Déve-
loppons cette comparaifon & appli-
quons la au fujet , nous verrons
que la verdure nous repréfentera
fort bien l'enchantement des fens ;
les rofeaux nous marqueront ces
hommes mondains élevés dans des
vanités , & toujours agités par les
paffions & par les cupidités. On trouve dans les Cours des occafions de
bonnes œuvres , on y peut vivre en
Chrétien , & c'eft ce qui nous repréfentent ces terres , qui font ré-
pandues dans ce marais , mais il faut
pour ainfi dire toujours être attentif , pour bien difcerner les occafions & les œuvres , & pour les pratiquer fans délai , car auffi - tôt
qu'on fait un faux pas, on fe précipite.

Rien ne peut plus vivement repréfenter la vie mondaine conforme au penchant de la nature corrompue qu'on mene dans les Cours
des Princes ; que ces eaux qui s'a-
maffent de tout côté dans un marais,
parce que la pente du terrain les

conduit, & la vafe qui engendre cette quantité d'infectes, font les vieilles habitudes & les paffions invétérées qui produifent des penfées, paroles & œuvres criminelles, comme des infectes dont les efprits malins qui voltigent continuellement fur ce marais, fe nourriffent pour ainfi dire.

On a déja dit, que les feux folets font les vertus morales formées des exhalaifons fulphureufes de l'amour propre, qui répandent leur lueur dans les Cours ; mais ces vertus étant deftituées de la charité, n'échauffent pas, & lorfqu'on compte fur elles, elles échappent dans les occafions ; lorfqu'on a befoin de leur fecours ; & ce qui eft encore plus, elles conduifent les hommes dans la perdition éternelle, fi elles ont la vaine gloire pour principe.

Les réfléxions qu'on a fait jufqu'à préfent ne paroiffent pas avoir du rapport au fujet fur lequel on les auroit dû faire ; mais comment pourroit-on penfer de la politeffe des

Courtifans, fi la politeffe des Cours en générale ne fe préfentât à l'efprit?

Il eft donc naturel de découvrir d'abord ce principe & fa fauffe lueur; car la politeffe mondaine & la politeffe chrétienne ne paroiffent pas toujours différentes dans la pratique, quoiqu'elles foient très-oppofées dans leurs principes.

La premiere eft fondée fur l'amour propre, lequel ne rend juftice qu'à foi-même préférablement aux autres, & ne ménage perfonne que pour cette fin.

La feconde eft établie fur la charité, qui rend juftice à Dieu en rapportant tout à fa gloire; elle rend juftice au prochain en l'aimant pour Dieu comme foi-même, elle rend enfin juftice à foi-même, parce qu'elle s'aime pour Dieu. D'où il eft aifé à voir que la premiere change lorfque les objets des paffions des hommes changent, en forte qu'ils haïront ceux qu'ils auront aimés, & ils aimeront les autres qu'ils auront haï,

parce que les autres les favorifent,
& que les autres les traverferont
dans leurs deffeins, dans leurs defirs, & dans leurs cupidités.

Il eft aifé de voir que la feconde
ne fauroit être fujette à aucun changement, car elle ne change jamais
d'objet. Ainfi un Courtifan Chrétien aimera Dieu en fon Prince préférablement à tout autre objet, &
en aimant ainfi fon Prince, il aimera fa volonté, & voilà les principes de fa fidélité & de fon obéiffance, qui ne font fujets à aucun changement.

Il regardera tous les autres Courtifans felon les différends rapports
à leur fupériorité, égalité, ou infériorité, comme on a déja dit, &
dans cet amour il retrouvera les mêmes principes ménagés felon les différends refpects, fans qu'il puiffe
penfer à changer de conduite, à
moins que par fa fragilité ou par fa
malice il ne fe détourne pour fuivre les maximes de la cupidité & de
la politeffe mondaine.

Par sa fragilité, l'homme n'est pas exempt de péchés tandis qu'il vit : les plus justes tombent sept fois par jour à l'égard de Dieu, ils peuvent tomber à l'égard de leur prochain aussi, mais ils peuvent & ils doivent se relever. Voilà d'où vient qu'un Chrétien, persuadé de sa foiblesse, ne doit jamais être honteux, d'avouer sa faute & de la réparer aussi-tôt qu'il l'aura apperçue. Mais si au lieu de la charité, la cupidité domine en lui, il ne reconnoît, ni il n'est porté à corriger sa faute.

Telle est, comme on a dit, la conduite d'un Chrétien qui péche contre la politesse par fragilité, mais les péchés de malice sont de différente nature, puisque la malice naturelle de l'homme a différens dégrés. Son inclination au mal, son opposition au bien, sont les effets de sa malice ; mais lorsque la volonté n'y prend pas de part, on ne péche que par fragilité : au lieu que si la volonté consent au mal, & qu'elle résiste au bien, c'est l'état du vieil homme soumis à la loi du péché par la prévarication de notre premier pere.

C'eſt l'effet de l'orgueil qui cauſe la réprobation de l'homme lorſqu'il perſiſte dans cet état. L'orgueil naît avec l'homme & il ſe déguiſe de mille manieres en lui. Lorſqu'il domine dans l'entendement d'un Courtiſan, il ſe croit capable de toute dignité & charge, il eſt jaloux du bonheur des autres, il ſupprime cependant ſes plaintes dans un ſilence chagrin & bouru : mais lorſque l'orgueil corrompt ſa volonté, c'eſt alors qu'il produit l'ambition, dont les brigues & les cabales ſont les effets, & comme l'ambition d'ordinaire eſt accompagnée de l'envie, celle-ci augmente ſa jalouſie, les inimitiés & les haines.

Il n'eſt pas extraordinaire de voir que l'homme agit ainſi, mais lorſque la ſainte raiſon conſidére ſans prévention tout ce qu'une telle conduite déguiſe ſous le maſque de la juſtice, on ne peut pas comprendre l'aveuglement de l'homme.

Toutes les loix civiles difent que unl ne peut-être juge dans fa propre caufe ; tous les Tribunaux & pour mieux dire, tous les hommes reconnoiffent cetre vérité & ont dans leur bouche cette fentence lorfqu'il s'agit de quelque bien temporel ; mais l'orgueil la fait oublier aux ambitieux quand il s'agit de juger de leur propre naiflance, de leur efprit, de leurs talens, de leur conduite, & des fervices rendus au Prince & à l'Etat ; car dans de telles occafions un Courtifan ambitieux décide en fa faveur & croit que tout lui eft dû par juftice, à l'exclufion des autres, qui jugent pareillement en leur propre faveur, lorfqu'ils briguent des dignités, des charges, & des récompenfes. Ainfi plus on examinera cette réfléxion, plus on doit reconnoître que cette maniere d'agir eft bien contraire à la politeffe chrétienne, laquelle remet tout jugement à Dieu & à fon Vicaire, qui font fes Princes.

Ceux qui fuivront les maximes de cette politeſſe , attendront les ordres de la Providence par le canal des Princes , ſans cabales ni brigues. Car après avoir tout fait , ils ſe croiront des ſerviteurs inutiles & ſans mérite , perſuadés d'ailleurs que les hommes ne leur raviront pas ce que Dieu leur aura deſtiné , de la part de qui ils recevront tout ce qui leur arrivera.

Pour ne pas retomber dans des répétitions ennuieuſes , on n'a qu'à relire le premier Chapitre de ces réfléxions pour voir ce que les Courtiſans doivent à leur Prince , comme à leur Supérieur & ce qu'ils ſe doivent entr'eux mutuellement , ſelon les différends égards de la politeſſe chrétienne. Mais malheur à l'homme qui croiroit que ces mêmes régles ſoient du nombre de celles qu'on peut ſuivre , & omettre ſelon le tems & conjonctures , car ceux qui ne les ſuivront pas , pourroient bien être appellés Chrétiens , mais s'ils ne vivent pas en conformité de l'amour du prochain & de la justice, ils ne seront pas Chrétiens, puisque s'ils n'aiment pas le prochain qu'ils voient, comment aimeront-ils Dieu qu'ils ne voient pas ? Ce seroit ignorer les élemens de la Religion chrétienne, que de croire, que les exercices extérieurs de cette même Religion, les œuvres de piété, les jeûnes & les prieres, puissent-être méritoires sans l'esprit de la Religion, qui consiste dans la charité.

## CHAPITRE XX.

*Sur les Guerres , sur les motifs de les entreprendre , & sur ceux de tenir une armée.*

IL est incontestable que la guerre est un fleau que Dieu emploie pour châtier les hommes. Ce Souverain Etre étant abandonné des Princes ou des peuples par le mépris

de ſes loix , il abandonne à ſon tour
ſes Vicaires à l'eſprit d'ambition pour
les châtier par leur chûte , & ſouvent il les éleve pour punir les autres Princes & peuples qui l'ont
mérité. Ces vérités ſont hors de conteſtation parmi les Chrétiens , & les
Infidéles même n'en penſent pas différemment.

Les Princes que la Providence
éleve pour être le fléau des autres ,
paroiſſent d'abord heureux aux yeux
du monde , mais ils ne le ſont pas
toujours : car s'ils abuſent de leurs
victoires ils ſont châtiés à leur tour ,
& ſouvent par ceux même qu'ils
avoient abattus , ſans chercher des
exemples dans les ſaintes Ecritures ,
nous en avons ſous nos yeux.

L'Eſprit de Dieu eſt un Eſprit de
concorde , celui qui ſuggére les
guerres doit être ſuſpect , car quelque juſte , que paroiſſe la guerre ,
qu'un Prince pourroit entreprendre,
elle ne doit avoir pour but que la
paix , qu'on ne doit jamais refuſer à

ſes ennemis, & la tranquilité qu'on doit rechercher pour ſes peuples, lorſqu'on peut faire l'un & l'autre à des conditions juſtes & équitables.

Ces principes ſont aſſez connus dans la Chrétienté, mais lorſque Dieu veut châtier les hommes il corrompt les Conſeils des Princes, en les abandonnant à l'eſprit d'erreur, qui eſt leur propre prudence; & alors les raiſons les plus injuſtes leur paroiſſent équitables.

La prudence humaine s'étend ſur l'avenir, & non contente de prendre des précautions juſtes, & des meſures équitables, elle ſouppoſe réel ce qui ne l'eſt pas encore, & qui peut-être ne le ſera jamais, en ſorte que pour prévenir les maux imaginaires elle ſe précipite dans des maux réels & effectifs.

Voilà la ſource des guerres de convenance & de ſûreté, dont on pourróit produire tant d'exemples. Qu'on examine tant qu'on voudra les raiſons qui peuvent juſtifier les guerres, il n'y en a point qu'on puisse entreprendre & poursuivre avec plus de sûreté de conscience que les guerres défensives, dans lesquelles les Princes font véritablement les fonctions de Pasteurs, en forte qu'ils ne peuvent douter qu'ils ne fassent leurs devoirs dans cette occasion; & s'ils ne font pas empêchés par la foiblesse de leur temperament ou par des raisons bien solides, ils ne satisfont pas à leur obligation, s'ils ne conduisent en personne leurs armées.

La charge de Pasteurs & le devoir de défendre leurs troupeaux, doivent les mettre dans la nécessité de tenir une armée, & leurs Frontieres garnies de troupes bien payées & disciplinées, parce qu'elles doivent faire les fonctions que les chiens font dans les bergeries, & par conséquent elles ne doivent ni mordre ceux qu'elles doivent défendre, ni elles ne doivent être mises dans la nécessité de dévorer les brebis autour desquelles elles veillent.

Cette comparaifon de chiens qu'on vient de produire, eft affez fenfi-ble, mais on ne la prendroit pas dans fon véritable fens, fi on difoit qu'un Prince ne doit confidérer fes foldats que comme des chiens, il doit au contraire les aimer, eftimer, & confidérer comme des victimes qui s'expofent pour fon falut & pour celui de fon peuple.

Nulle vocation ne feroit plus convenable à l'efprit du Chiftianifme, ni plus généreufe que celle du foldat, fi on l'embraffoit dans cette vûe. Car expofer fa vie pour un Prince & pour fes freres, c'eft imiter la charité de Jefus-Chrift, c'eft accomplir les préceptes nouveaux qu'il a donnés à fes Difciples. Il eft vrai qu'on ne peut que gémir lorfqu'on confidére l'efprit & les motifs qui conduifent communément les hommes à la guerre ; mais cela ne doit nullement empêcher que le Prince ne diftingue fes foldats plus que fes autres fujets, car fans

eux il ne peut remplir la plus essentielle de ses fonctions, qui consiste
à maintenir la paix, la tranquilité,
& à défendre ses sujets. D'où il s'ensuit que la dépense la plus essentielle, la plus juste, & la plus noble qu'il puisse faire, est celle de
payer, d'habiller, & de récompenser ses troupes.

Ce sont les premieres régles de
la politesse qu'il leur doit : car s'il
vouloit acquerir leur affection par
des licences qui sont contraires à
la justice & à la discipline militaire,
il mettroit certainement des char-
bons ardens sur sa tête & sur celles
de toute son armée. Il n'y a pas une
ambition plus salutaire à un sujet,
comme on a dit, que d'exposer sa
vie pour son Prince, ni un caractere plus digne d'un Citoyen Chrétien, que de la consacrer pour ses
freres. Ainsi on ne sauroit assez imprimer cette ambition à la jeunesse, ni la récompenser assez dignement.

La Noblesse doit son origine à la
Y iij

guerre, & certainement l'ordre de la Providence ne l'a établie dans le Chriſtianiſme que dans les vûes de la charité dûe au prochain, car les richeſſes, le faſte, la grandeur, & les vains titres, ſont des phantômes que la cupidité des hommes a mis en crédit.

Dieu a établi lui-même les premiers principes de l'art de la guerre, & il en a donné un modéle dans ſon peuple. Ces maximes conſiſtent dans la ſubordination, qui demande une diſcipline très-exacte, celle-ci exige une juſtice plus ſévére qu'indulgente : mais pour que cette juſtice ſoit une véritable juſtice, elle ſuppoſe un traitement convenable de la part du Prince, pour que les ſoldats & les Officiers ne manquent pas du néceſſaire, & que ce ne ſoit pas cette même néceſſité qui les force à contrevenir aux Ordonnances.

On pourroit croire que l'art militaire eſt monté à ſa plus haute perfection en ce qui concerne l'ordre;

mais on devroit craindre qu'il ne se
corrompe par la molesse des soldats.
Les Anciens traitoient ceux-ci trop
durement, & ils affectoient, pour
ainsi dire, la malpropreté, moins
dangereuse à la nature & au corps
humain, dans le tems des siécles passés, qu'elle ne seroit aujourd'hui dans
l'affoiblissement de la nature ten-
dante de plus en plus à sa fin, puisqu'il est très-certain que la malpropreté commenceroit à devenir molesse; elle rendroit les hommes mols
& efféminés : on a par exemple inventé la poudre pour décrasser les
cheveux ; les habits sont nécessaires
pour garentir le corps du froid & de
la chaleur. Que l'on emploie l'un &
l'autre pour les mêmes fins, la santé sera conservée, mais vouloir que
les soldats soient poudrés, frisés,
&c. c'est les mettre souvent dans la
nécessité de voler de la poudre, c'est
les accoûtumer à la molesse & au
luxe que de les orner avec des rubans, cocardes, &c. qu'on n'attache que pour flater la vûe ; car on

Y iiij

leur apprend ainfi à s'occuper de leurs propres perfonnes.

Loifiveté eft pernicieufe à l'homme & fur-tout aux troupes ; ainfi pourvû qu'elles ne manquent de rien, il faut les occuper toujours & les employer aux travaux entrepris pour l'utilité publique. Telles font les fortereffes, les canaux, des digues & des chauffées, &c. car pendant qu'elles font dans des garnifons ou en quartier d'hyver, les exercices pourroient être plus fréquents, & on pourroit avec utilité introduire parmi elles certains jeux guerriers, que les anciens pratiquoient & que les foldats Turcs ont encore retenus ; par exemple la lutte, la courfe, le faut ; d'élever & jetter de groffes pierres, de fronder ; car rien ne détache mieux les nerfs & les tendons, rien n'affermit mieux la chair ni ne dégage mieux les vertebres pour rendre l'homme agile & fort, que ces fortes d'exercices.

C'eft une mauvaife maxime de

permettre aux Officiers de s'abſen-
ter de leurs corps & d'employer
dans les charges militaires des enfans, qui peuvent à peine porter
l'eſponton. Les vieux Officiers & les
ſoldats mépriſent tels commandemens, & cette diſpoſition naturelle à
la vieilleſſe cauſe des déſordres dans
des occaſions importantes, & produiſent imperceptiblement des événemens, dont on ne démêle pas
toujours la ſource.

Il y a des Livres excellens qui
traitent de l'art militaire, mais lorſque la divine Providence corrompt
les Conſeils des Princes, les maximes ſalutaires ne ſont plus ſui-
vies.

Lorſqu'on conſidére l'exactitude
de l'obéiſſance ſi néceſſaire à la guerre; ſi l'on réfléchit ſur la ſubordination comme à une ſuite de cette
même obéiſſance, on connoît aiſément qu'il ſeroit plus facile qu'on
ne penſe d'introduire & de conſer-
ver la piété dans une armée, ſi le
Chef & les Officiers en donnoient

Y v

l'exemple ; en effet que pourroit-on faire de mieux , puisque ce n'est que la Religion qui peut rendre l'homme véritablement vaillant. Mais il faudroit un établissement tout autre qu'on ne voit communément, en ce qui concerne les Aumôniers & les Prêtres des armées ; & certainement on tireroit de grands avantages de la dépense qu'on en feroit.

Chaque brigade devroit avoir un nombre de Prêtres qui vécussent ensemble sous un Supérieur , & de cette maniere ils ne se rélâcheroient pas eux-mêmes comme les Aumôniers des armées font d'ordinaire. Ces Prêtres vivants ensemble pourroient avoir soin des malades & des blessés , pour qu'ils fussent bien servis ; ils feroient des exhortations fréquentes sans contrainte , car il ne faudroit pas qu'ils s'étendissent davantage dans l'exercice de la piété , que dans la mesure de l'accroissement du goût , que Dieu ne manqueroit pas d'inspirer en bénissant

les travaux des Ouvriers zélés avec
diſcrétion.

Ce ne ſont pas ici de ſimples idées
& ſpéculations que l'on ne pourroit pas mettre en pratique, ſi les
Princes en avoient ſoin, & ceux qui
n'en ont point en ſeront certainement reſponſables un jour. Quelle œuvre de miſéricorde plus grande que d'établir des Hôpitaux dans
les armées pour les malades & les
bleſſés ? On ſait bien que dans de
certaines armées & guerres qui ſe
font dans des pays remplis de Vil-
les & de Bourgades, on a ſoin d'eux ;
mais toutes les armées & pays ne
ſe reſſemblent pas, & quaſi par
tout on s'étend davantage ſur le
ſoin du corps que ſur celui de l'ame.
L'établiſſement que Louis XIV. a
fait en France en faveur des Inva-
lides, eſt une des inſtitutions les
plus dignes de ſa Grandeur : il a
donné l'exemple à tous les Princes,
car rien n'eſt plus édifiant ni plus
convenable à la charité chrétienne,
en ſorte qu'ils ne reſte rien à ſou-

haiter, sinon qu'un tel exemple soit suivi, à proportion des forces & fonds de tous les autres Princes qui tiennent des troupes.

---

# CHAPITRE XXI.

## *Sur l'observance des engagemens des Princes.*

NOus savons par la parole de Dieu qu'on est obligé de tenir tout ce qu'on lui a promis, d'où il est aisé à connoître qu'on promet à Dieu ce qu'on promet aux hommes, lorsqu'on l'appelle à témoin. Mais il est aussi indubitable que la même parole de Dieu nous enseigne qu'on peut faire des promesses indiscretes, qu'on n'est pas obligé de tenir, & c'est au nombre de ceux-ci qu'on met ordinairement les promesses, les engagemens, & les traités qu'on ne veut pas exécuter.

Ainsi on doit reconnoître que la

malice des hommes peut souvent
accuser à tort les Princes, sans qu'ils
soient coupables devant Dieu, qui
s'est réservé à juger leurs œuvres ;
mais où pourroit-on prendre l'af-
sûrance que ce Juge, à la connoissance duquel rien ne peut échap-
per, n'examinera pas un jour la
source de ces sortes de promesses ?
Et voilà positivement ce qui mérite
des réflexions & des attentions de
la part des Princes Chrétiens ; car
lorsqu'on regarde la charité & la
justice comme le but de la politesse
chrétienne ; l'intérêt de l'Etat ne varie pas, mais aussi lorsqu'on laisse
prévaloir la cupidité & la prudence
humaine, ce même intérêt varie à
mesure que les conjonctures changent.

Il y a des tems où la prudence
humaine représente qu'on ne doit
rien refuser à promettre ; le changement des tems change les Conseils de cette même prudence, qui
dictera de ne pas tenir les promesses
& les engagemens, qu'on a été obligé de faire.

On peut avoir recours aux Confesseurs en ce cas, & ceux-ci prennent en effet la peine de fouiller les charitables Livres des Casuistes; sans qu'ils manquent guéres d'apporter du reméde, & de la consolation aux Princes, qui peuvent se tromper de bonne foi; mais ce seroit une illusion de croire que ses charitables consolateurs les puissent garantir un jour du jugement de Dieu, s'ils négligent de bien considérer la source des cas & des événemens sur lesquels on les consulte, aussi bien que l'esprit dans lequel on aura contracté les engagemens, les difficultés qui se rencontrent dans leur exécution, & les raisons qu'ils se représentent pour porter les Princes à les contrevenir.

Il y a un célébre Auteur, & fort renommé Casuiste, qu'il seroit très-utile de lire dans cette occasion, mais dans les Exemplaires communs l'impression de ce Livre est fort altérée, & dans les Originaux ( qui sont assez rares ) le caractere est assez difficile à lire , ce qui a donné lieu à commenter ce Livre différemment , mais si on s'applique à son étude on en vient à bout.

Lorsqu'on se rend ce Livre familier il apprend à l'homme la véritable politesse , en prescrivant des régles nettes & succintes , pour décider toutes sortes de cas avec plus de sûreté que les plus savans Théologiens pourroient enseigner ; il est imprimé dans toutes les Langues , & ce Livre s'appelle la loi naturelle , laqu'elle nous enseigne de faire aux autres ce que nous voudrions qui nous fut fait , & de ne pas faire ce que nous ne voudrions pas qu'on nous fit.

Si on lit les gloses que la cupidité a fait sur ce Livre , le sens paroît incompréhensible & l'exécution sujette à mille inconvéniens , mais si l'on le médite dans sa simplicité , on verra que la charité demande la même disposition dans ceux qui demandent , & dans ceux à qui on demande , & alors ces préceptes ne

deviennent pas moins intelligibles,
qu'ils font faciles à pratiquer.

Si les hommes en fuivant ces loix,
ne devroient jamais demander que
ce qui eft jufte, par rapport à eux-
mêmes, auffi bien que par rapport
aux Princes, à qui l'on demande,
car avant de demander, les premiers fe mettroient à la place des
feconds, & c'eft ainfi qu'ils exami-
neroient la juftice de leurs defirs;
mais comme il y a peu des Chrétiens qui vivent en Chrétiens, les
demandes qu'on fait plus communément aux Princes font très fouvent
indifcrettes, & il arrive auffi qu'on
les accorde indifcrettement, par
conféquent il y a des tems, comme on a déja dit, que la prudence
humaine repréfente des circonftan-
ces trop dangereufes de refufer, &
alors, on accorde tout fans deffein
de le tenir, mais c'eft une conduite trompeufe, indigne de la vertu
morale ; comment ne feroit-el-
le pas oppofée à la vertu Chrétienne?

Les Princes font des Traités d'alliance, & des Traités de paix avec les autres Princes, ils se promettent souvent des choses dont l'exécution n'est pas en leur pouvoir. Communément c'est un point essentiel de traiter d'alliance, de ne pas conclure la paix avec les ennemis sans un consentement mutuel, ou de n'entrer dans aucun Traité qu'à telles & telles conditions.

N'est-il pas visible que tels articles, qui ne sont pas conformes à l'intérêt de leurs Etats, & que l'on accorde sans avoir le dessein de les observer, n'engagent à rien car si un des Alliés est pressé vivement & se trouve à la veille de voir ruiner ses Etats peut-il tenir ce qu'il a promis ? Rien n'est plus commun dans ces occasions que de chercher des prétextes pour accuser son Allié, de manquement à son engagement, & de conclure sa paix le mieux qu'on peut.

Si les maximes de la charité étoient mieux observées, que celles de la cupidité, l'alliance défensive contre les aggreffeurs injuftes, feroit naturelle entre les voifins, au lieu que la jaloufie, l'envie, & fouvent la haine même regnent plus ordinairement entr'eux; ces difpofitions étant fomentées par l'antipathie qu'on remarque très-fouvent entre les Nations voifines, en forte qu'on fuit plus communément la prudence de la chair, qui infpire la méfiance aux foibles envers les Puiffants, & fi l'on n'étendoit cette prudence que fur les moyens de la jufte défenfe en cas qu'on fut attaqué, elle feroit certainement équitable & bien réglée; mais cette même prudence de la chair par fa propre corruption ne connoiffant pas les bornes que l'équité lui devroit impofer, porte les Princes à fufciter des ennemis à ceux qu'ils craignent, & à former des projets, de faire des conquêtes de convenance; ce qui eft difficile d'accorder avec la charité & la juftice, dictée par la loi naturelle.

Le salut du peuple est la souve-
raine loi, disent ordinairement les
politiques mondains, & cette vérité leur sert à assaisonner de prétexte
aux plus injustes desseins. Cette vérité dis-je, les porte à chercher la
tranquilité publique, mais comme
ils employoient des moyens dictés
par la cupidité, à l'exclusion des
principes de la charité, cette tranquilité devient pour eux une espece
de pierre philosophale, qui ruine
le peuple, dont on prétexte le salut, par les guerres & par les im-
pôts.

Qu'on jette les yeux sur les Histoires des siécles les plus reculés,
on verra les différentes décorations
du théâtre du monde, sur lequel
tant de Rois, de petits Princes,
de Souverains & de Républiques,
ont joué leur rolle. Tantôt les Grands
Monarques ont fait des conquêtes
éclatantes ; tantôt on verra ce spectacle changé par le partage de leurs
Etats, & monter sur leurs ruines
des petits Souverains qui en étoient

descendus, & par la suite on verra les Rois remonter de nouveau sur le Trône, comme nous le voyons aujourd'hui.

Qui est-ce qui pourroit se persuader que le spectacle que nos yeux nous représentent, demeurera dans la même situation jusqu'à la consommation des siécles ? La prudence des hommes emploie tous les moyens pour affermir & pour régler la succession des Princes, les uns font des Testamens les mieux dirigés, les autres forment des desseins de s'appeller des Successeurs, en cas d'extinction de leur lignée, & ils employent toute sorte de moyens pour affermir leurs dispotions par le consentement des peuples, mais consulte-t-on en tout ceci la loi de ne pas faire aux autres ce que nous ne voudrions pas qui nous fut fait ? On pourroit dire dans un sens qu'on la consulte, mais on est bien éloigé de le faire comme il faut, car on ne se met pas à la place des autres, mais on se tient dans la fienne, en forte que tout ce qu'on fait dans cette fituation n'eft qu'une illufion dont on rendra les plus exacts comptes au jugement de Dieu, & que les favans Cafuiftes pourroient repréfenter aux yeux des Princes.

Hélas que les miniftres flateurs qui agiffent par des fouterrains, peuvent devenir dangereux dans ces occafions ? Car leur conduite n'eft pas fimple, & leur repréfentation eft trompeufe, parce qu'ils font fouvent que les Princes contreviennent à leurs engagemens les plus folemnels, & les plus facrés.

La recherche du paffé depuis la prévarication du premier homme, nous doit faire connoître que la Providence fe joue des événemens du monde, & des confeils de la prudence humaine. Voilà pourquoi la Religion Chrétienne nous enfeigne plus particulierement de mettre en elle toute notre confiance.

Les loix civiles impofent des bornes à l'agrandiffement des particu-

liers par des régles tirées de la loi
naturelle ; qui est-ce qui pourroit
excuser les Princes qui ne suivront
pas avec simplicité cette loi, qui est
fondée sur la vérité, sur la justice
& sur la charité immuable, & éternelle de Dieu ? Et quel Savant pourroit dire qu'en conséquence de cette
même loi, on peut faire du bien à
son Successeur, au préjudice de l'intérêt & de l'utilité des peuples, puisque la charité bien réglée exigeroit
de ne pas accorder la demande du
prochain qui pourroit le faire à son
propre préjudice, faute de lumieres
& faute de connoître son véritable
intérêt, bien loin de le porter soit
directement soit indirectement à ce
qui ne lui convient nullement. Il n'y
a pas un homme qui ne voulût qu'on
n'agît ainsi à son égard.

Les Savans du siécle, qui cherchent comme on a dit, la tranquilité publique & le salut des peuples
dans les principes de leur propre
prudence, n'ont pas encore déci-
dé unanimement, & ne convien-

dront jamais quelle eſt la forme du Gouvernement la plus convenable à cette même tranquilité.

Les uns la cherchent dans la ſucceſſion, les autres l'établiſſent dans l'Election de leurs Princes, & enfin il y en a qui ſoutiennent les Républiques de différentes eſpéces, mais pas un d'eux ne décide qu'il n'y a que la charité réglée par la loi naturelle qui puiſſe parvenir au but qu'ils cherchent par leurs ſavantes diſſertations, parce que la prudence humaine eſt trop aveugle pour diſcerner qu'il n'y a que la charité qui puiſſe rendre tous ces différens Gouvernemens également heureux; comme ce n'eſt que la cupidité qui puiſſe les rendre tyraniques.

Ils ne décident pas que la ſeule charité puiſſe rendre les Traités fermes & invariables, car elle ne deſire ni elle n'accorde que ce qui eſt juſte & faiſable ; & que ce n'eſt qu'elle qui puiſſe établir des loix convenables à chaque Etat.

Lorſque cette divine vertu eſt

dans le cœur des Princes, ils reçoivent le Septre de la main de Dieu,
ils manient les rênes du Gouvernement selon ses préceptes, & ce n'est
que selon sa volonté qu'ils veulent
les remettre, soit entre les mains de
leurs enfans, soit entre celles du
peuple, étant persuadés qu'ils ne
rendront pas compte à Dieu, de ce
qui arrivera après leur mort, mais
de ce qu'ils auront fait pendant
leur vie.

Telles sont les maximes de la politesse chrétienne, que la cupidité
déguise en mille manieres. Les
plus savans Théologiens se peuvent méprendre sans l'Esprit de Dieu,
lorsqu'on les consulte sous ces différens masques, que la cupidité
adopte dans les cas qui regardent les
engagemens, les traités, les promesses solemnelles & les sermens
sacrés des Princes ; car la science
met des différences entre tous ces
sermens, & entre leurs significa-
tions, & il y en a en effet quant
à l'usage commun des hommes, mais

il ne devroit pas y en avoir en ce
qui concerne le devoir de l'obser-
vance : car ſi l'honnêteté & l'honneur exigent ſi rigoureuſement du
commun des hommes dans la vie civile qu'on garde la parole ; comment
voudroit-on excuſer les Princes qui
ſont les images de la Vérité éternelle ? Leur parole doit être ſacrée,
mais pour qu'elle ſoit telle il faut
qu'elle ſoit fondée ſur la charité &
ſur la juſtice, car la charité pourroit s'étendre trop ſans la juſtice &
la juſtice pourroit devenir trop bor-
née ſans la charité.

Ces deux vertus ainſi jointes doivent conſulter la prudence humaine,
& celle-ci doit autant qu'elle peut
s'étendre ſur les cas qui pourroient
arriver , & recourir à la confiance
en Dieu , en ce qui eſt hors de ſa
portée.

Voilà les ménagemens qui pourront mettre les Princes en état d'e-
xécuter leurs traités & leurs pro-
meſſes , & après telles précautions
priſes ils pourroient, & ils devroient

*Tome II.*      **Z**

souvent méprifer les dangers, que
le changement du tems pourroient
leur repréfenter dans l'exécution de
leurs engagemens, & dans les cas
imprévûs même, leur confiance dans
l'aide & la toute-puiffance de Dieu,
feroit bien fondée, fi leurs deffeins
étoient également juftes & charitables.

Ces réfléxions pourront paroître
vagues & pleines de fpéculations
aux yeux des mondains, car l'ufage
commun que la cupidité a établi,
couvre de ténébres leur entendement, ils ne favent agir fans qu'ils
confultent plus leurs intérêts que la
loi naturelle, ou fans vouloir ajuf-
ter celle-ci à l'utilité qu'ils envifa-
gent. Ainfi la force de leurs engagemens n'eft réglée que par les événemens, & leurs promeffes étant
fondées fur l'avantage qui leur en
doit revenir, ne s'exécutent que
dans la mefure de celui, qu'ils ne
perdent jamais de vûe.

Combien de Princes n'a-t on pas
vû accorder des priviléges à leur

peuple, confirmés par des fermens les plus facrés, pour pouvoir parvenir à leur but ? Leur procédé n'étant pas fondé dans la loi naturelle, en contrevenant à leurs engagemens, ils ont fait ce qu'ils n'euffent pas voulu qu'on eût fait à leur égard.

Tel a été le fort d'une célébre Déclaration qu'André II. furnommé Hierofolynitaine Roi de Hongrie, avoit faite à fon peuple, & qu'il lui a laiffée en forme de loi, fondée dans la loi fuprême, que toutes les fois que les Rois contreviendroient aux loix qu'ils accorderont aux peuples, on puiffe fe foulever contr'eux fans encourir le crime de léze-Majefté.

Cette matiere étant ainfi démêlée, on peut aifément voir qu'un Prince lié par des engagemens, qu'il croit juftes & équitables, paffés entre lui & entre fon peuple, lorfqu'il eft forcé à quitter fes Etats par une force Etrangere & Supérieure, qui s'empare du Gouvernement ; ne peut pas en confcience fe

croire dégagé de ſes obligations ;
quand même le peuple ne poûvant
pas réſiſter à la force Etrangere,
prendroit des engagemens contraires à ceux qu'ils auroient contractés.

Lorſqu'un tel Prince ſe trouveroit dans une ſituation dans laquelle il ſeroit même moralement impoſſible de ſatisfaire aux conditions
de ſon engagement, il ſeroit plus
ſûr pour ſon ame de tollérer ces
maux temporels en eſprit de patience, & d'attendre ſon ſort de Dieu,
que de recourir aux moyens imaginaires de ſe dégager, dans leſquels
il n'auroit aucune ſûreté pour ſa conduite, devant le Tribunal de Jeſus-
Chriſt, réparateur de la charité &
reſtaurateur de loi naturelle dans le
cœur des hommes par le Saint-Eſ-
prit, que le monde ( prie pour ceux
qui ne connoiſſent pas l'étendue de
ſa charité ) ne connoît pas ; parce
que s'il eſt du devoir indiſpenſable
de chaque Chrétien de craindre plus
le jugement de Dieu que celui des

hommes, ceux qui font fes images fur la terre, doivent le craindre d'autant plus, qu'ils font dépofitaires de fa juftice, de fa charité, & de fa puiffance; & par conféquent ils font chargés de lui rendre des comptes plus exacts de leur conduite, que le commun des hommes. Ainfi gloire au Roi des fiécles, de tous les événemens du monde, dans tous les fiécles des fiécles. *Amen.*

## FIN